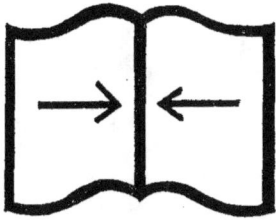

RELIURE SERREE
Absence de marges
intérieures

CONTRASTE IRREGULIER

Contraste insuffisant
NF Z 43-120-14

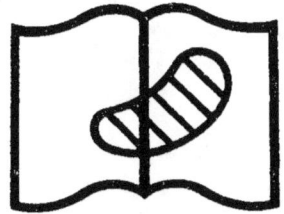

ILLISIBILITĒ PARTIELLE

Original illisible
NF Z 43-120-10

Original en couleur

NF Z 43-120-8

COUVERTURES SUPERIEURE
& INFERIEURE EN COULEUR

Annales de la Faculté des Lettres de Bordeaux
et des Universités du Midi
QUATRIÈME SÉRIE
Commune aux Universités d'Aix, Bordeaux, Montpellier, Toulouse
XXIXᵉ ANNÉE

BULLETIN HISPANIQUE

Paraissant tous les trois mois

TOME IX

Avril-Septembre 1907

A. MOREL-FATIO
Une mondaine contemplative
au XVIᵉ siècle.
Catalina de Mendoza.

Bordeaux :
FERET & FILS, ÉDITEURS, 15, COURS DE L'INTENDANCE

Lyon : Henri GEORG, 36-42, passage de l'Hôtel-Dieu
Marseille : Paul RUAT, 54, rue Paradis | Montpellier : C. COULET, 5, Grand'Rue
Toulouse : Édouard PRIVAT, 14, rue des Arts
Madrid : MURILLO, Alcalá, 7

Paris :
ALBERT FONTEMOING, 4, rue Le Goff
ALPHONSE PICARD & FILS, 82, rue Bonaparte.

(14)

Annales de la Faculté des Lettres de Bordeaux

FONDÉES EN 1879 PAR MM. LOUIS LIARD ET AUGUSTE COUAT

Directeur : M. Georges RADET

QUATRIÈME SÉRIE

PUBLIÉE PAR

Les Professeurs des Facultés des Lettres d'Aix, Bordeaux, Montpellier, Toulouse

ET SUBVENTIONNÉE PAR

LE MINISTÈRE DE L'INSTRUCTION PUBLIQUE
LE CONSEIL MUNICIPAL DE BORDEAUX
LA SOCIÉTÉ DES AMIS DE L'UNIVERSITÉ DE BORDEAUX
LE CONSEIL DE L'UNIVERSITÉ DE BORDEAUX
L'ASSOCIATION DES AMIS DE L'UNIVERSITÉ DE MONTPELLIER
LE CONSEIL DE L'UNIVERSITÉ DE TOULOUSE

I. REVUE DES ÉTUDES ANCIENNES

ABONNEMENTS

France	F. 10	»
Union postale	12	»
Un fascicule séparé	3	»

II. BULLETIN HISPANIQUE

ABONNEMENTS

Espagne et France	F. 10	»
Union postale	12	»
Un fascicule séparé	3	»

III. BULLETIN ITALIEN

ABONNEMENTS

France et Italie	F. 10	»
Union postale	12	»
Un fascicule séparé	3	»

Le montant des abonnements doit être adressé à MM. FERET et FILS,
15, cours de l'Intendance, Bordeaux.

Bordeaux. — Impr. G. GOUNOUILHOU, rue Guiraude, 9-11.

UNE MONDAINE CONTEMPLATIVE

AU XVIᵉ SIÈCLE

DOÑA CATALINA DE MENDOZA

1542-1602

Quoique la vie de cette fille naturelle d'un grand d'Espagne ait été contée déjà dans un livre publié à Madrid en 1653, elle mérite de l'être à nouveau, et pour deux raisons. Cette vie nous fournit d'abord un exemple intéressant qui s'ajoute à divers autres — à l'exemple de sainte Thérèse notamment, pour ne citer que le plus connu — d'une combinaison de sens pratique et de dévotion fervente, d'application stricte à des devoirs terrestres et de renoncement absolu aux joies de l'existence : d'où résulte que nous y pouvons suivre une *spirituelle* dans sa « voie intérieure », en même temps qu'une intelligence très active dans un milieu mondain, celui d'une grande maison seigneuriale espagnole du XVIᵉ siècle. Secondement, le récit seul connu jusqu'ici de cette vie, et qui a pour auteur le Père jésuite Gerónimo de Perea [1], n'offre pas de garanties suffisantes d'exactitude ni de couleur historique, n'étant que le remaniement ou, pour mieux dire, l'altération d'un autre récit plus ancien dont le manuscrit original nous a été heureusement conservé.

Il y a tantôt trente ans j'eus à décrire, pour le Catalogue des manuscrits espagnols de la Bibliothèque Nationale, le

---

1. *Vida, y Elogio de Doña Catalina de Mendoza, Fundadora del Colégio de la Compañia de Jesus de Alcalá de Henares. Escrita por el Padre Geronimo de Perea de la misma Compañia de Jesus. Dedicala a la Excelentᵐᵃ Señora Doña Isabel de Sandoval, Duquesa de Ossuna, Condesa de Ureña. Año 1653. Con privilegio. En Madrid, en la Imprenta Real.* Un vol. in-4° esp. de 6 ff. prél. et 95 ff. chiffrés.

A. MOREL-FATIO.

1

numéro 362 de ce fonds, petit volume in-4° de 388 pages pro-
venant des bibliothèques de Séguier, de Coislin et en dernier
lieu de l'abbaye de Saint-Germain-des-Prés, et qui porte le titre
de « Historia de la vida y muerte de Doña Catalina de Mendoza,
hija de Don Ynigo Lopez de Mendoza, quarto *(sic)* marques
de Mondejar »[1]. N'ayant pu alors le comparer avec l'écrit du
P. Perea, je supposai que le volume en question ne représen-
tait autre chose qu'un exemplaire manuscrit du livre imprimé
à Madrid en 1653. Je me trompais, car l'examen comparatif
que je pus instituer plus tard des deux ouvrages m'apprit que
le manuscrit nous offre en fait la relation primitive de la vie
de Dª Catalina de Mendoza, due peut-être à quelque autre
jésuite du Collège de la Compagnie à Alcalá de Henares et
dont le P. Perea ne nous a livré qu'une copie infidèle, parfois
écourtée, parfois amplifiée et souvent dénaturée. Sans doute,
le P. Perea se réclame de renseignements qu'il aurait puisés
dans les archives de son collège[2], fondation de Dª Catalina et
d'une de ses tantes, mais cette référence très vague dissimule
la source de son information, car il me paraît évident qu'il n'a
utilisé d'autres documents que le seul texte narratif contenu
dans le manuscrit de la Bibliothèque Nationale. Les divisions
des deux écrits sont les mêmes, la teneur de la narration dans
l'un et l'autre est la même : bref, la similitude entre le récit
anonyme et celui du P. Perea serait complète, si ce dernier
ne s'était pas permis des coupures et des développements, si
surtout il n'avait pas soumis à un travail de déformation
constant le style, fort savoureux dans son ingénuité, de la primitive histoire, y introduisant les fioritures de mauvais goût
qui peignent une époque de grande décadence de la prose
espagnole. Je laisserai donc de côté dans les pages qui suivent

1. *Catalogue des manuscrits espagnols et des manuscrits portugais de la Bibliothè-*
que Nationale, Paris, 1892, p. 157.
2. « Obligado de las noticias que alcancé à tener, de los Archiuos de nuestro
Colegio de Alcalà, de las virtudes de esta esclarecida Virgen » (Dédicace à la duchesse
d'Osuna). Et dans une note finale (fol. 95ʳᵒ), où l'auteur déclare se soumettre à un
décret d'Urbain VIII concernant les biographies de personnes vertueuses et accom-
plies : « No pretendo dar mas credito a todo lo que en ella escriuo que el humano, sa-
cado de los testimonios y papeles fidedignos que hallé de las virtudes de esta
esclarecida virgen, en nuestro archiuo del Colegio de la Compañia de Jesus de Alcalà
de Henares. »

la malencontreuse copie du P. Perea, pour ne me servir que de l'original auquel seront empruntés la plupart des traits qui composent la figure morale de Dᵃ Catalina de Mendoza, me réservant d'établir, dans un appendice, par quelques citations textuelles des deux auteurs, le rapport que j'aperçois entre eux.

Dᵃ Catalina de Mendoza, née à Grenade le 5 février 1542, jour de sainte Agueda, vierge et martyre, était fille de D. Iñigo López de Mendoza, troisième marquis de Mondéjar et quatrième comte de Tendilla, chef de l'une des principales branches du grand lignage des Mendoza et qui, outre ses fiefs, possédait la charge héréditaire de gouverneur de l'Alhambra et de capitaine général du royaume de Grenade. De sa mère, que le biographe, par une réserve bien naturelle, désigne à mots couverts, sans la nommer : « une dame de ces royaumes dont il suffit de dire que sa qualité n'était guère inférieure à la noblesse considérable et reconnue du marquis, quoique sa fortune fût moindre, » nous savons par ailleurs qu'elle s'appelait Dᵃ Luisa de Mosquera [1]. Toutes les familles de la grandesse avaient leurs enfants de la main gauche, qu'elles traitaient souvent aussi bien que les enfants légitimes et qui parfois, quand c'étaient des fils, se poussaient dans le monde et y obtenaient des emplois très enviables, ou, quand c'étaient des filles, faisaient, en se mariant, des établissements fort avantageux. Toutefois et pour des motifs que nous ignorons, la jeune Catherine, dès l'âge de trois ans, fut élevée, non dans la maison paternelle, mais chez ses grands-parents, le deuxième marquis de Mondéjar, D. Luis Hurtado de Mendoza, et sa femme Dᵃ Catalina de Mendoza y Pacheco, vertueuse matrone, protectrice de Jean d'Avila, l'Apôtre d'Andalousie, et de Louis de Grenade [2], que ses vassaux appelèrent longtemps la Marquesa santa.

1. Alonso López de Haro, Nobiliario genealógico, t. I, p. 372.
2. Obras de Fr. Luis de Granada, éd. du P. Justo Cuervo, t. XIV, p. 279 et 510. Le dernier renvoi vise une très intéressante lettre de Fr. Luis écrite de Lisbonne, le 17 octobre 1587, à la marquise de Villafranca, sœur de notre Catherine, où le grand prédicateur rappelle ses obligations envers la marquise de Mondéjar, qui le nourrit des miettes de sa table : « También me consoló porque oí en la carta la devoción y espíritu de V. S. y deseo de imitar aquella sancta agüela que Nuestro Señor le dió, la cual me crió dende poca edad con sus migajas, dándome de su mismo plato en la mesa de lo que ella misma comía. Y fué Dios servido que después le viniese á predicar muchas veces al Halambra, y ella viniese con las

Pour donner à l'enfant à la fois une compagne et une gouvernante capable de redresser certains penchants fâcheux
(algunos siniestros) que l'on commençait à apercevoir en elle,
la marquise douairière choisit sa propre fille, D⁰ María de
Mendoza, très religieuse personne qui témoigna plus tard sa
piété en fondant avec sa nièce le collège de la Compagnie de
Jésus à Alcalá de Henares. Auprès de cette tante si bien pen-
sante, Catherine semblait destinée à devenir à bref délai sinon
une sainte, au moins une fille très sage ; mais le naturel ne se
laissa pas dompter sans quelque résistance. Catherine était
jolie, spirituelle, plaisante ; elle aimait les belles robes et les
joyaux. Comme sainte Thérèse, elle se livrait aussi avec passion
à la lecture des livres de chevaleries, non seulement pour le
plaisir qu'y trouvait son esprit imaginatif et éveillé, mais, dit
son biographe, parce qu'elle partageait l'opinion répandue
parmi les gens de qualité de ce temps qu'il fallait lire ces
romans pour apprendre à parler avec grâce, comme aussi pour
se garantir contre d'autres entraînements plus dangereux. Le
roman de chevaleries servait à la société polie d'alors de bré-
viaire de galanterie ou de livre de civilité : on y étudiait les
jolis tours du langage, l'art de converser avec délicatesse ;
l'homme y puisait des modèles de déclarations passionnées ou
tendres, la femme des réponses d'une décence étudiée mais
où se glissaient parfois des sous-entendus assez engageants [1].
Résolue à guérir sa nièce d'un engouement qu'elle estimait perni-
cieux, la rigide tante usa d'un habile stratagème. Au lieu de lui

---

señoras sus hijas á oirme á nuestro monasterio. » Nous savons d'ailleurs par Luis
Muñoz que Fr. Luis, né à Grenade en 1504, fut élevé chez l'arrière-grand-père de
Catherine et qu'il accompagnait à l'école les fils de ce deuxième comte de Tendilla :
« Es certíssimo que desde muy niño se crió Fray Luys en casa del Conde de Tendilla :
estudiaban sus hijos Latinidad, baxaban cada dia de la Alhambra á la Ciudad en casa
de vn Preceptor de Gramatica, acompañabales Luis y llevaba los libros y estudiaba
con ellos : assi lo ha certificado el Marqués de Camporel Don Pedro de Granada, que
afirma haverlo oido de la boca de Fray Luys, visitandole en Lisboa el año de ochenta
y dos » (Luis Muñoz, *Vida y virtudes del V. P. Maestro Fr. Luys de Granada*, parte I,
cap. ii).

1. C'est ce que voyaient bien les moralistes et les théologiens qui condamnaient
cette littérature : « Y si á los que estudian y aprenden á ser cristianos en estos cate-
cismos les preguntais que porque los leen y cual es el fruto que sacan de su leccion,
responderos han que alli aprenden osadía y valor para las armas, *crianza y cortesía
para con las damas...* » (Fr. Pedro Malón de Chaide, *Libro de la conversion de la Magda-
lena*, prólogue).

imposer des lectures austères, de lui prendre ses *Amadis* et d'y substituer de force des méditations ou des contemplations, les oraisons de sainte Catherine ou le Kempis, qui eussent difficilement rivalisé dans le cœur de la jeune fille avec les prouesses de ses chevaliers errants ou de ses *doncellas* enamourées, Dª María l'invita simplement à lui servir de lectrice, et choisit Louis de Grenade, l'éloquent et suave auteur de tant de traités ascétiques [1], qu'elle mit aux mains de sa nièce; celle-ci, qui d'abord ne lisait que pour sa tante, se laissa peu à peu séduire par le charme pénétrant de la sainte doctrine. Le résultat qu'attendait le mentor de cette initiation se produisit sans retard. Un jour que Catherine lisait à haute voix un passage du sermonnaire andalous sur la mort et l'enfer, la terreur que lui inspira ce tableau des peines éternelles la saisit tellement qu'aussitôt elle voulut, pour le rachat de ses plus gros péchés, s'infliger une dure discipline; s'étant procuré une corde à nœuds, elle la plaça sous sa chemise. Or, ce jour-là avait lieu à Valladolid une fête solennelle, la proclamation du roi Philippe II, à laquelle toutes les dames de qualité présentes devaient naturellement paraître vêtues de leurs plus beaux atours, Catherine comme les autres. La robe destinée à faire valoir sa taille était si étroitement lacée que le cilice noueux pénétra dans sa chair et lui causa une si vive douleur qu'elle dut, pour ne pas s'évanouir, rentrer précipitamment chez elle. L'épreuve avait été trop forte pour la pénitente novice, aussi se prit-elle à détester ces livres saints et ces mortifications qui ne lui valaient que tristesse et souffrance; mais son esprit curieux réclamait impérieusement une occupation, un exercice : momentanément détachée des choses divines, elle se plongea dans l'étude. D'une famille qui comptait de bons lettrés, comme son grand-oncle, le fameux diplomate érudit D. Diego de Mendoza, ou son grand-père D. Luis, élève des humanistes Pierre Martyr d'Anghiera et Nicolas Cleynarts, ou même son

---

1. Dans la lettre déjà citée plus haut de Fr. Luis à Dª Elvira de Mendoza, marquise de Villafranca, sœur de Catherine, on voit que celle-ci correspondit plus tard avec le célèbre dominicain : « La Señora Doña Catalina de Mendoza me envió una de V. S. que fué para mí materia de grande consolación... » (*Obras de Fr. Luis de Granada*, éd. du P. Cuervo, t. XIV, p. 509).

père, élève aussi de Cleynarts [1], Catherine jugea tout naturel
d'apprendre le latin, puis la musique, la danse et même
l'arithmétique, et à la gymnastique intellectuelle elle joignit
aussi celle de ses doigts, malgré l'opposition de sa tante qui
lui trouvait la vue trop courte pour les travaux d'aiguille. En
peu de temps, on la vit exécuter les broderies les plus fines
et du dessin le plus compliqué, confectionner des pommes de
senteur, sculpter dans des morceaux d'ambre des grains de
chapelet : le tout sans maître et uniquement guidée par un
don naturel l'invention.

Lorsqu'elle eut atteint sa quinzième année, en 1557, ses
parents songèrent à l'établir; ils ne voulaient pas laisser se
faner une fleur si charmante. Divers membres de la famille
s'intéressèrent au mariage de Catherine, sa grand'mère d'abord
qui tenait à ne pas mourir avant d'avoir vu la petite-fille
qu'elle chérissait en possession d'un bon mari, puis ses deux
grands-oncles, D. Bernardino, général des galères d'Espagne,
et D. Diego, qui se déclarèrent prêts à compléter sa dot :
le dernier offrit jusqu'à 40,000 ducats. On pense bien que
la puissante maison de Mondéjar n'avait que l'embarras du
choix : les demandes affluaient, et, malgré l'irrégularité de sa
naissance, Catherine pouvait compter que maint soupirant des
plus huppés se tiendrait pour fort honoré d'obtenir sa main.
Le choix des parents, car la jeune fille, bien entendu, n'eut pas
voix au chapitre, s'arrêta sur un gentilhomme très cossu,
D. Diego de Ayala y Rojas, comte de la Gomera, d'une famille
d'origine sévillane, à laquelle fut concédé ce titre par les Rois
Catholiques en échange de la cession qu'elle fit à la couronne
des îles de Ténérife et la Palma [2]. Certaines affaires ayant
retenu le comte à Séville, le mariage, comme fort souvent à
cette époque, eut lieu par procuration. Très heureuse de se

---

1. Dans une lettre datée du 13 avril 1541, Cleynarts rend un beau témoignage du
zèle avec lequel le marquis D. Luis et son fils D. Iñigo apprirent le grec sous sa
direction : « Ego interim bonam quoque diei partem tribuebam Marchioni in literis
Græcis, quas una cum filio annos nato XXVIII tam ardenter amplexus est, ut num-
quam plebelorum filios tam viderim studiosos » (*Nic. Clenardi Epistolarum libri duo*,
éd. d'Anvers, Chr. Plantin, 1566, p. 62).

2. *Historia de la casa de Mondéjar*. Ms. K. 100 de la Bibliothèque Nationale de
Madrid, livre V, ch. 42, et Antonio Ramos, *Aparato para la corrección de Berni*, Málaga,
1777, § 103.

sentir une dame et de pouvoir s'accorder des plaisirs dont elle
avait été sevrée, comme par exemple la comédie, Catherine
fut en même temps prise de scrupules vraiment excessifs.
L'idée qu'elle avait reçu un nouveau sacrement, qu'elle appartenait désormais corps et âme à son mari, lui causait une
sorte de crainte religieuse. Quelque amie qu'elle fût de la
toilette et des beaux vêtements, elle ne voulut plus s'habiller
que de noir, refusant de se parer tant que son mari
demeurerait éloigné d'elle. Sur l'avis toutefois qu'on lui
donna que le comte finirait par s'étonner de cette réserve
étrange, Catherine s'enhardit un jour à lui écrire, mais le
porteur étant mort en route, sa missive lui revint; l'accident
lui parut un effet de la volonté divine et la confirma dans sa
résolution de ne plus correspondre avec l'absent. Peut-être
pressentait-elle ce qui allait arriver. Deux ans se passèrent
sans que le comte manifestât la moindre velléité de se réunir
à sa femme. Pourquoi, c'est ce qu'un religieux résidant à
Séville découvrit au marquis de Mondéjar, dans une lettre où
il lui disait que le comte vivait publiquement avec une dame
de cette ville, donnant à ses habitants un exemple scandaleux
de libertinage et de manquement à la foi conjugale[1]. Le
marquis, très désagréablement surpris, voulut cacher la nouvelle à Catherine, mais celle-ci, ayant su qu'il était arrivé une
lettre de Séville dont on ne lui avait pas communiqué le
teneur, fit tant qu'elle se la procura. Le coup fut rude et
décisif : touchée dans ses fibres les plus sensibles, la jeune
femme perdit en un instant toutes ses illusions et vit le monde
où elle avait vécu confiante et joyeuse se teindre des plus
sombres couleurs. Trahie sans la moindre apparence de
raison par un mari qu'elle ne connaissait pas, qu'elle n'avait
jamais vu, mais auquel elle s'était vouée par devoir et liée par
un sacrement, Catherine comprit qu'elle devait chercher
appui et consolation auprès d'un « autre époux et maître qui
jamais n'a manqué à qui s'est fié à lui ». Restait à régler la

---

1. Le comte D. Diego avait de qui tenir; son père D. Guillén Peraza vécut comme
un pacha dans ses îles, laissant après lui une troupe d'enfants légitimes et naturels
(José Viera y Clavijo, *Noticias de la historia general de las Islas de Canaria*, t. III,
p. 20).

situation légale et sociale de la mariée. De savants juristes
consultés par le marquis déclarèrent que sa fille n'était nullement tenue à cohabiter avec un mari qui avait de lui-même
rompu le lien conjugal; toutefois cette consultation ne rassura
pas Catherine qui, dans son for intérieur, ne se croyait pas
déliée de ses obligations, ce que pensaient aussi d'autres
personnes laïques ou religieuses qu'elle interrogea. Elle se
décida donc à envoyer à Rome un chapelain au célèbre cano-
niste espagnol D. Martín de Azpilcueta, celui qu'on appelle
généralement le Docteur Navarre, qui, venu en Italie en 1567,
remplit sous Pie V les fonctions de membre de la Péniten-
cerie[1] : d'où l'on doit conclure que les consultations juridiques et les pourparlers durèrent un temps considérable, au
moins huit années. Le Docteur Navarre répondit qu'il fallait
ouvrir une enquête sur la conduite du mari et que si les faits
qu'on reprochait à ce dernier étaient exacts, il serait facile
d'obtenir du pape une dispense. Le procès s'engagea en
cour de Rome et ne fut définitivement jugé en faveur de
Dª Catalina de Mendoza qu'après l'arrivée de son père en
Italie, comme vice-roi du royaume de Naples, c'est-à-dire
vers 1575 au plus tôt[2]. Mais Catherine n'attendit pas si longtemps pour prendre à elle seule une grave détermination :
le jour de l'Ascension 1560, étant à Mondéjar, elle prononça
le vœu de chasteté, ce dont elle avertit ses parents, qui accep-
tèrent non sans regret le fait accompli et renoncèrent dès lors
à lui chercher un nouvel établissement.

Ce vœu prononcé, la crise religieuse commença très intense.
Catherine se prosternait dans son oratoire aux pieds du Christ,
le suppliant d'arracher de son cœur tous les restes de l'amour
qu'elle conservait encore à son mari et d'y mettre le seul
amour divin. Des tremblements, des sueurs mortelles et de

---

1. D. Mariano Arigita y Lasa, *El Doctor Navarro, D. Martín de Azpilcueta y sus
obras*, Pampelune, 1895, p. 325, 394 et 396.

2. « La informaçion se hiço y el Marques, padre de la Sª Doña Catalina, siendo
virrey de Napoles, con ella negoçio de manera que saco de su Sª cumplida declaraçion
y dispensaçion del matrimonio ya hecho, de manera que dejo con ella libre
D. Catalina para poderse casar o tomar otro qualquier estado, y no menos libre de las
congoxas y desasosiego con que sus escrupulos y temores la traian atormentada »
(*Vida y muerte de Dª Catalina de Mendoza*, ms., p. 34).

terribles angoisses l'assaillaient surtout de nuit et la jetaient dans un état de désespoir puis de prostration tout à fait affligeant. Seule une confession générale de tous ses péchés pouvait la sauver et lui rendre la paix de l'âme : elle se résolut donc d'ouvrir son cœur à un Père de la Compagnie de Jésus, et l'accomplissement de cet acte de pénitence, qui lui coûta de grands efforts et beaucoup de larmes, eut un effet immédiat. Catherine se sentit comme libérée des terreurs qui l'opprimaient et prête à commencer une nouvelle vie. S'inspirant de l'exemple donné par les parents de la Vierge, saint Joachim et sainte Anne, auxquels elle était très dévote, Catherine distribua ainsi son existence : huit heures pour les choses nécessaires au corps, — sommeil et nourriture ; — huit heures pour les occupations domestiques, car sa tante Dª María se déchargeait sur elle de tous les soins du ménage et de l'administration de la maison ; enfin huit autres heures pour les exercices de la vie spirituelle qui comprenaient les disciplines qu'elle s'infligeait sept fois par jour, l'oraison, l'assistance aux offices. Mais sa ferveur était telle que cette dernière part lui semblait toujours trop petite, elle l'augmentait en empiétant sur les autres au risque de compromettre sa santé ; plusieurs fois par an elle s'imposait en outre des retraites pour se livrer entièrement, dans une solitude absolue, aux exercices prescrits par la Compagnie de Jésus. Sa tenue, qui consistait déjà en un vêtement noir et un voile de toile unie *(beatilla llana)* pour la tête, elle voulut la simplifier encore en adoptant le costume des béguines, nommées en Espagne *béates,* ces laïques pieuses qui vivaient dans le monde comme en religion. Le marquis, d'abord, s'insurgea contre cette résolution à son avis déplacée et excessive. Catherine, déférente, attendit une occasion que lui fournit bientôt un règlement d'intérêts entre son père et sa tante Dª María et demanda, pour fêter la réconciliation de ses parents, qu'ils lui octroyassent la permission de revêtir la robe de bure et le long voile *(mongil y tocas).* Ce changement de costume si désiré s'effectua à Madrid le 25 janvier 1571, jour de la conversion de l'apôtre saint Paul, et il sembla à la nouvelle béate qu'elle venait de rompre une des dernières attaches

qui la retenaient dans le monde et l'éloignaient de son Dieu.
Toutefois, les circonstances ne lui permirent pas encore de
s'isoler dans les pratiques de la mortification et de l'union
mystique avec le divin époux; une lourde tâche que lui imposa
son père, accapara pendant plusieurs années toutes les forces
de son intelligence et de sa volonté. Mais avant de suivre
Dª Catalina dans ses nouvelles fonctions d'administration et
de gouvernement, il convient de parler un peu de son père,
de certains incidents de la carrière politique de ce marquis de
Mondéjar qui motivèrent le choix qu'il fit de sa fille pour se
décharger sur elle d'une partie de ses devoirs et obligations de
grand seigneur terrien.

D. Iñigo López de Mendoza, marquis de Mondéjar et comte
de Tendilla, possédait, comme il a été dit, la charge de
gouverneur de l'Alhambra et de capitaine général du royaume
de Grenade, qu'avaient exercée avant lui son père et son grand-
père. Les Mendoza-Tendilla, issus d'un fils cadet du premier
marquis de Santillane, occupaient donc, en raison de cette
charge héréditaire, une très grande situation dans la partie de
l'Andalousie où la population d'origine musulmane, garantie
par des lois et des traités, jouit jusque dans les premières
années du règne de Philippe II d'une liberté relative, d'une
tolérance appréciable, dont elle profitait pour garder ses us et
coutumes et même souvent pour pratiquer en secret la religion
de ses pères : liberté et tolérance concédées à vrai dire par
intérêt, les agents du pouvoir tirant de ces Morisques de gros
subsides, en échange desquels ils fermaient les yeux sur
certaines infractions aux édits. Mais le clergé, l'Inquisition,
tous les gens de robe, magistrats et légistes, soutenus par des
ministres influents, répugnaient à ce régime exceptionnel en
faveur d'infidèles qui faisaient tache dans la monarchie catholique. Tous, par scrupules religieux ou juridiques, ou bien
aussi par cupidité, poussaient à l'extirpation de ces musulmans
mal convertis et hostiles; ils avaient d'ailleurs pour eux
l'opinion publique en Espagne et même celle des princes
étrangers, à commencer par le pape, et il leur fut facile
d'exploiter le fanatisme de la population chrétienne qui vivait

en contact avec les Morisques du royaume de Grenade dont
elle enviait les richesses et le bien-être, fruit d'une industrieuse
activité. Lorsque éclata, à la fin de 1568, la révolte de ces
Morisques, due à une aggravation des ordonnances qui les
régissaient, le marquis de Mondéjar eut, en vertu de sa charge,
à réprimer le mouvement insurrectionnel, à prendre toutes
les mesures de précaution, à organiser la résistance, puis le
châtiment. Ne disposant que d'une très faible garnison et de
milices andalouses, recrutées à la hâte et sans aucune instruction militaire, desservi par les légistes et le clergé qui par
esprit de corps contrariaient et critiquaient tous les actes
du chef militaire[1], accusé par la masse de connivence ou au
moins d'indulgence envers les Morisques à cause de ses
intérêts privés[2], et enfin assez faiblement soutenu par le roi
que commençaient à dominer les fauteurs de la politique de
violence et de destruction totale de l'élément musulman
d'Espagne, Mondéjar se débattit plusieurs mois au milieu de
terribles difficultés, fit ce qu'il put avec les faibles ressources
dont il disposait, remporta certains avantages qu'atténuèrent
d'autres insuccès et, en somme, ne réussit pas à éteindre la
révolte. Fortifiés par la mauvaise tournure qu'avait prise la
campagne, ses ennemis n'eurent pas de peine à démontrer au
roi la nécessité de frapper un grand coup et d'en finir avec ce
nid d'infidèles insurgés contre l'autorité royale. Une occasion
se présentait, il fallait en profiter; puis il y avait alors un
jeune prince impatient de faire ses preuves sur le champ de
bataille et de justifier les espérances que fondaient sur lui les

1. Dans son récit de la rébellion, D. Diego de Mendoza a fort bien dépeint l'état
d'esprit des divers représentants de la magistrature qui prétendaient tout régenter
en vertu de l'omniscience qu'ils s'attribuaient : « A los que tratan en Castilla lo civil
llaman oidores, i a los que tratan lo criminal alcaldes… los unos i los otros por la
mayor parte ambiciosos de officios agenos i profession que no es suya, especialmente
la militar, persuadidos del ser de su facultad, que (segun dizen) es noticia de cosas
divinas i humanas, i sciencia de lo que es justo e injusto; i por esto amigos en parti-
cular de tracr por todo, como superiores, su auctoridad » (Guerra de Granata, éd. de
Lisbonne, 1627, fol. 7).
2. Mondéjar se défendit énergiquement contre ces imputations et d'autres dans le
très important mémoire justificatif qu'il adressa en 1570 à Philippe II et que j'ai
publié (L'Espagne au XVI° et au XVII° siècle, Heilbronn, 1878, p. 13 et s.). Cf. aussi
une lettre du même, écrite à l'archevêque de Grenade le 17 mars 1569 et dont j'ai
cité un passage (Ibid., p. 7).

vieux serviteurs de Charles-Quint qui l'avaient élevé. Au mois
de mars 1569, Don Juan d'Autriche prit le commandement de
l'armée d'Andalousie, tandis que Mondéjar recevait l'ordre ou
de coopérer à la campagne sous ce nouveau chef, ou d'assister
au Conseil de guerre chargé d'instruire Don Juan et de pour-
voir à son inexpérience. Le marquis choisit les fonctions de
conseiller, d'autant mieux qu'il avait eu déjà à souffrir de la
rivalité d'un de ses émules, le marquis de Los Velez, autre
grand seigneur andalous, qui à Murcie tenait la même place
que Mondéjar à Grenade, et que le parti des légistes, pour
contre-balancer l'influence de ce dernier, avait mis en campagne dans la région orientale du théâtre des opérations.
Mondéjar espérait que ses avis prévaudraient, mais les ministres de robe, qui de loin dirigeaient tout, avaient leur plan
et la restriction des pouvoirs du marquis n'était qu'un ache-
minement à son rappel définitif, qui lui fut notifié par une
lettre du roi du 3 septembre 1569, l'invitant à se rendre à
Madrid. Quoique déguisé sous les dehors d'une consultation
qu'on attendait de sa connaissance des affaires d'Andalousie,
cet ordre de rappel équivalait à une disgrâce complète. Jusqu'à
la fin de la campagne, longue et sanglante, le marquis fut
systématiquement tenu à l'écart de tout ce qui se trama aussi
bien à Madrid qu'à Grenade pour réduire les Morisques. Après
la pacification, qui laissa derrière elle bien des ruines et bien
des ferments de discorde et de haine prêts à revivre, le roi
daigna confier à Mondéjar le soin de présider au repeuplement
des terres confisquées aux Morisques et qu'un édit avait
concédées à des colons chrétiens[1]; mais il faut croire que
Philippe II ne comptait pas que le marquis prendrait cette
mission très à cœur, car fort peu de temps après il le nomma
vice-roi du royaume de Valence.

Dans cette nouvelle charge, qui ne rachetait pas les mortifications qu'il avait eu à subir, D. Iñigo apportait des rancunes
mal éteintes et une humeur assez peu conciliante. Victime de
« deux bonnets qui l'avaient emporté sur les casques », selon

---

1. La lettre de Philippe II relative à cette mission est datée d'Aranjuez, 24 février
1571; on en trouvera le texte dans mon *Espagne au XVI⁰ et au XVII⁰ siècle*, p. 96.

le mot de Cabrera [1], ce représentant de la noblesse militaire,
que son oncle nous décrit comme incapable de supporter la
contradiction et enclin à ne prendre d'autre avis que le sien
propre [2], allait se trouver aux prises avec des difficultés nouvelles qu'il ne trancherait peut-être pas toujours selon l'agré-
ment de ses administrés. A Valence, ce fut avec le clergé qu'il
eut maille à partir. Ayant pris possession de sa haute fonction
le jour de la Toussaint 1572, il ne tarda pas à entrer en conflit,
à propos d'affaires de juridiction, avec le fameux archevêque
Juan de Ribera, si connu par le rôle considérable qu'il joua
dans l'expulsion des Morisques du royaume de Valence. Puis,
survint un incident qui témoigna de l'irritabilité du marquis
et déchaîna contre lui le monde ecclésiastique. Un jour qu'à
l'église le prêtre, qui assistait l'évêque officiant, était venu lui
présenter le missel à baiser, le vice-roi prétendit le contraindre
à s'agenouiller, ce qui provoqua une grosse émotion parmi les
fidèles. Pour l'apaiser, le Père provincial Villalba, confesseur
du vice-roi, s'interposa et obtint que, dans la sacristie et en
présence de témoins, celui-ci s'excusât de son mouvement de
vivacité irréfléchie. Mais à quelque temps de là, un Père
jésuite, Miguel Gubernio, prêchant un sermon dans l'église
de Saint-Nicolas, jugea à propos de se livrer à un long déve-
loppement sur la dignité sacerdotale, d'essence divine, et sur
la considération insuffisante que lui accordent les mondains.
L'allusion, assez transparente, touchait directement le vice-roi,
qui la prit fort mal. Séance tenante, il décréta l'ordre d'exiler
le prédicateur de Valence, et sur la remarque que lui fit son
confesseur que le père dépendait du général de la Compagnie, le marquis, loin de se calmer, aggrava sa sentence en

---

1. « Mas el Cardenal, desestimador y resoluto en lo que no era de su profesion,
asistido del Rey para tener por las leyes más sujetos á los súbditos que por las armas,
apretó el pueblo y le llevó á la rebelion y guerra peligrosa que se escribirá, gober-
nando la fatal mudanza *dos bonetes*, tocando más el caso tremendo á las celada »
(*Historia de Felipe II*, éd. de 1876, t. I, p. 553). Les deux bonnets étaient le cardinal
Espinosa, président du Conseil Royal, et D. Pedro de Deza, président de la Chancel-
lerie de Grenade.

2. « Mas el Marques, hombre de estrecha i rigurosa disciplina, criado al favor de
su abuelo i padre en gran officio, sin igual ni contradictor, impaciente de tomar
compañia, communicava sus consejos consigo mismo... » (*Guerra de Granada*, éd.
cit., fol. 39ᵛ).

notifiant au provincial et au recteur du collège des jésuites
d'avoir à expulser le P. Gubernio, dans trois jours de Valence,
et dans dix jours du royaume, faute de quoi il ordonnerait la
saisie des biens du collège. Le premier délai étant expiré sans
que le Père eût quitté Valence, la saisie annoncée s'effectua,
tandis que de son côté l'archevêque, pour défendre les privi-
lèges du clergé violés par l'autorité civile, excommuniait les
juges et prononçait l'interdit. Toute la ville se divisa alors en
partis opposés, et l'affaire fut portée devant le roi, qui, ne
voulant pas désavouer entièrement son représentant, fit savoir
qu'il se tiendrait pour bien servi si le prédicateur malencontreux quittait quelque temps Valence, ce qui permettrait au
vice-roi de lever son embargo, et à l'archevêque de lever aussi
ses censures. Les deux autorités obtempérèrent et la paix se
rétablit. Des personnes bien intentionnées et entre autres
D. Francisco de Mendoza, l'un des fils du marquis, le futur
amiral d'Aragon, le reconcilièrent aussi avec les jésuites, si
bien que, lorsqu'il quitta Valence, il choisit pour son confesseur un membre de la Compagnie, le P. Salmerón. A la
décharge de Mondéjar, il faut dire que son gouvernement se
distingua par d'autres actes plus sages et moins impétueux :
l'historien de sa maison loue la peine qu'il se donna pour
rétablir la bonne intelligence entre des familles ennemies de
la noblesse locale et rappelle les banquets qu'il offrait, ainsi
que les mariages qu'il sut conclure et qui contribuèrent aussi
à ramener la concorde dans cette cité si souvent troublée par
les factions[1]. En 1575, après l'expiration de ses trois années
de gouvernement à Valence, Mondéjar fut promu à la vice-
royauté de Naples, l'une des charges extra-péninsulaires les
plus enviées parce que, même exercée sans trop de malversa-
tions ni d'abus de pouvoir, elle valait au titulaire des profits
considérables. « On ne doit pas souhaiter d'être vice-roi de

---

1. *Historia de la Casa de Mondéjar*, Ms., l. V, ch. 28. Il résulte d'une lettre adressée
par le marquis à Philippe II, de Valence, le 16 septembre 1573 (British Museum, Ms.
Add. 28, 339, fol. 9), que ni son salaire ni sa fortune personnelle ne lui permettaient
de faire face aux obligations qui lui incombaient ; le marquis y sollicite, non une
augmentation de traitement ou un secours extraordinaire, mais une charge plus
productive : « Lo que pretendo y suplico a V. Mg' con el acatamiento que deuo es que
de lo que a de hazer merced y proueer neçessariamente a otros se aquerde de mi.

Naples, pour n'avoir pas à regretter de ne l'être plus, » disait
le comte d'Olivares, qui occupa la place de 1595 à 1599, et,
en effet, en trois ans un vice-roi amassait une fortune ou
rétablissait ses affaires s'il les avait compromises. Parmi ceux
qui gouvernèrent Naples au nom de la Majesté Catholique
pendant deux siècles, il y eut des hommes de haute valeur,
comme l'inflexible justicier et habile administrateur D. Pedro
de Toledo, ou l'astucieux et tenace comte d'Oñate, qui, après
la révolte de Massaniello, rétablit l'ordre et l'autorité fort compromise du roi d'Espagne; d'autres furent des incapables, des
malfaisants et des pillards, comme les Arcos, les Medina de las
Torres et D. Pedro de Aragón : Mondéjar, nous le verrons,
demeura à peu près à égale distance des meilleurs et des plus
mauvais.

Ce fut au moment de quitter l'Espagne pour une période de
temps assez longue que le marquis résolut de remettre à
D⁶ Catalina le soin de gouverner et d'administrer ses « états »
de Castille, la préférant aux cinq fils, alors vivants, qu'il avait
eus en légitime mariage. Si cette décision étonna beaucoup de
gens, elle causa à Catherine autant d'affliction que d'effroi :
son plan de vie pieuse s'en trouvait tout bouleversé, sans
compter qu'elle redoutait fort de ne pas répondre à la confiance
de son père dans l'accomplissement de cette mission épineuse.
Mais le marquis professait une si haute estime pour les apti-
tudes de sa fille, sa valeur morale et intellectuelle, qu'il insista
de façon à lui ôter tout moyen de se dérober. Catherine
se résigna donc et accepta de devenir au nom de son père
absent gouvernante du comté de Tendilla et du marquisat de
Mondéjar.

Le premier de ces « états » appartenait aux Mendoza depuis
la fin du xiv⁶ siècle[1], ayant été donné en 1395 par le roi

1. Les renseignements ici donnés sur les principales possessions territoriales du
marquis de Mondéjar sont empruntés aux *Relations topographiques* de la province de
Guadalajara publiées et fort savamment commentées par D. Juan Catalina García,
dans le *Memorial histórico español*, t. XLI à XLIII, Madrid, 1903 à 1905. On sait que
ces Relations sont le résultat d'une grande entreprise de statistique prescrite par
Philippe II et qui, malheureusement, ne fut conduite à bonne fin que pour quelques
provinces d'Espagne. La Relation de Tendilla est de 1680, celle de Mondéjar de 1581,
celle d'Almoguera de 1566.

Henri III à D. Diego Hurtado de Mendoza, grand amiral de la mer; il passa ensuite au marquis de Santillane, qui le constitua en majorat au profit de son fils puîné, D. Iñigo López de Mend ᴌa, personnage considérable et très bien vu du roi Henri IV dont il sut obtenir l'érection de la seigneurie de Tendilla en comté (1468). Ce rameau des Mendoza se développa vigoureusement sous D. Iñigo II, deuxième comte de Tendilla, auquel les Rois Catholiques vendirent Mondéjar dont Ferdinand et sa fille Jeanne firent un marquisat (1512); le nouveau titre prévalut sur l'autre, ce que régla une ordonnance de Charles-Quint de 1541, en vertu de laquelle le titre de comte de Tendilla devint l'apanage du fils aîné des marquis de Mondéjar. Tendilla, bourg de la province actuelle de Guadalajara, appartient à cette région qu'on nomme l'Alcarria et se trouve situé sur le flanc d'une colline, à une lieue du Tajuña et à trois lieues du Tage. En 1580, le bourg ou la *villa* contenait six cents maisons et sept cents feux, mais cette population assez réduite n'empêchait pas la localité de jouir d'une grande prospérité, car ses habitants travaillaient. On ne comptait parmi eux point de gens de qualité *(caballeros)*, on n'y connaissait même qu'un seul *hidalgo* : la plupart exploitaient avec ardeur le terrain très fertile des environs, riche en oliviers et en vignobles qui fournissaient un article productif d'exportation; d'autres exerçaient divers métiers. Une foire très fréquentée attirait quantité de trafiquants étrangers, jusqu'à des Portugais, chargés de pacotilles et surtout de ce fameux fil de soie ou de lin *hilo portugués)* dont on fabriquait de très fins tissus[1]. Pendant les quinze jours que durait cette foire, Tendilla ressemblait à une vraie fourmilière, et rien que le droit d'alcabala perçu sur la vente des marchandises rapportait au comte une somme considérable. Outre ces avantages, produit du tempérament laborieux des habitants, Tendilla en avait quelques autres fort appréciables : les truites du Tajuña, l'eau du Tage, si légère et

---

[1]. La mention de ce *hilo portugués* rappelle un passage de *La perfecta casada* de Fr. Luis de León, où l'auteur compare au Cananéen du livre des *Proverbes* le colporteur portugais de son temps : «Cananeo llama al mercader, y al que decimos eaxero, porque los de aquella nacion ordinariamente tratauan desto, *como si dixesemos agora al Portugues*» (éd. Elizabeth Wallace, Chicago, 1903, p. 90).

limpide que les femmes du pays la préféraient à toute autre
pour se laver le visage, puis de fort bonnes sources et fon-
taines, l'une surtout dans la Calle Franca, d'une saveur telle
que l'archevêque de Tolède, D. Pedro González de Mendoza,
s'en faisait porter des charges, comme le firent aussi les comtes
de Tendilla jusqu'à la fin du xvi° siècle. Mondéjar, l'autre fief,
plus au sud-ouest dans la même région, et, comme il a été dit,
capitale des « états », avait vers la fin du xvi° siècle une population un peu supérieure à Tendilla, huit cents feux au lieu de
sept cents. Les marquis y entretenaient un gouverneur, deux
alcades et un archiprêtre nommé alternativement par le pape
et par eux, mais ils n'y résidaient guère : cette petite localité,
recommandable seulement par une médiocre industrie et une
source minérale très efficace contre la pierre et les maladies
du rein, ne devait pas être un séjour bien tentant pour de si
magnifiques seigneurs, ils y venaient seulement chercher une
retraite, mourir et s'y faire enterrer dans la chapelle de leur
couvent de franciscains *extra muros* de la ville. A Tendilla et
à Mondéjar il faut encore ajouter ce qu'on appelait assez pom-
peusement la « province d'Almoguera », ancienne comman-
derie de l'ordre de Calatrava, aux confins de l'Alcarria et à un
quart de lieue du Tage, que Charles-Quint en 1538 démembra
de l'ordre et vendit à Don *Luís* Hurtado de Mendoza, deuxième
marquis de Mondéjar. A l'encontre de ce qui existait à Tendilla
et à Mondéjar, bourgs d'artisans et de paysans, Almoguera
était encombré de gentillâtres, trente-six familles d'hidalgos
sur deux cent quatre-vingts habitants : d'où grande misère et
paresse. « La population de l'endroit, dit l'enquête de 1566, ne
goûte guère le travail ; d'abord les hidalgos ne savent ni ne
peuvent travailler et il ne leur appartient ni de labourer ni de
piocher, puis, les cultivateurs les imitent en ne faisant rien et
en flânant : aussi trouve-t-on parmi les uns et les autres peu de
gens qui aient de quoi manger. Au surplus, pays perdu, sans
affaires ni commerce¹. »

Voilà ce que Dª Catalina de Mendoza, âgée de trente-trois ans,
et sans autre instruction que celle qu'elle tenait de sa pratique

1. *Memorial histórico*, t. XLII, p. 180.

A. MOREL FATIO.

d'économie domestique, eut à régir et à maintenir en état de prospérité et de paix.

La première chose à laquelle elle s'appliqua fut de moraliser les vassaux de son père avec l'assistance des Pères de la Compagnie qu'elle envoya prêcher, confesser et répartir des aumônes. Puis elle veilla au bon recrutement de cette partie du clergé qui était à la nomination du marquis et examina de près les agissements des officiers de justice, des percepteurs ou des recouvreurs d'impôts. L'un de ces derniers ayant indûment retenu une somme importante, elle lui fit adresser une remontrance qui demeura sans effet : cela la décida à agir avec rigueur et le percepteur fut mis en une étroite prison d'où il ne sortit que pour se jeter aux pieds de sa maîtresse, en s'écriant : « Filia David, miserere mei ! » Il paraît que les vassaux du marquis tenaient beaucoup à leurs droits et les défendaient avec âpreté; volontiers ils intentaient des procès à leur seigneur, et certains de ces procès duraient depuis plusieurs générations. Catherine s'y prit si bien qu'elle réussit à les terminer tous à la satisfaction des deux parties, et, chemin faisant, elle régla beaucoup d'autres affaires litigieuses entre des communautés ou des particuliers. A force de lire les grimoires des avocats et de discuter avec les magistrats et leurs suppôts, elle s'aperçut que certaines de leurs pratiques, notamment l'art d'éterniser les causes pour mieux tondre les plaideurs, appelaient des réformes urgentes, qu'elle eut au moins le mérite de préparer en appelant, pour les adjoindre aux juges et alcades ordinaires, des juristes de profession capables d'éclaircir les questions difficiles et d'empêcher les magistrats de juger au petit bonheur. Sa rectitude et sa pénétration la rendaient très propre aux fonctions de juge instructeur; elle en donna une preuve convaincante à propos de l'assassinat de deux hommes, près de Tendilla, au moment de la grande foire : tandis que les magistrats ordinaires ne suivirent que de fausses pistes, Dᵃ Catalina, avec l'aide d'un licenciado Liébana, qu'elle fit venir d'Alcalá, mena l'instruction avec tant d'adresse qu'elle saisit les coupables, qui se trouvèrent être des Morisques, affiliés à une association de malfaiteurs

opérant dans tout le royaume de Tolède. Une autre fois,
toujours assistée de son licencié, elle délivra les habitants
de la ville de Meco d'un voleur d'autant plus redoutable qu'en
raison d'un pacte qu'il avait conclu avec le diable et qui le
rendait, croyait-il, invisible, il s'introduisait dans toutes les
maisons où, armé d'un rat de cave et d'un trousseau de clefs, il
ouvrait tous les coffres. Mais, dit notre biographe, « les artifices
du démon ne pouvaient rien contre la science divine que pra-
tiquait Dª Catalina, et le voleur fut arrêté et pendu. » Catherine en
voulait particulièrement aux entremetteuses, qu'elle regardait
comme la peste d'un état puisqu'elles vendent l'honneur et
l'honnêteté des autres : ces femmes, disait-elle, devraient être
emmurées. Elle ne tolérait non plus ni concubinages publics,
ni tripots d'aucun genre et brava l'opinion jusqu'à défendre les
combats de taureaux ou, ce qui paraîtrait encore plus pitoyable
aux *aficionados* d'aujourd'hui, elle ne les permit qu'avec des
précautions écartant tout danger, je veux dire que les taureaux
devaient être attachés à une corde et leurs cornes munies de
boules, conformément à un *motu proprio* du pape Pie V dont
elle s'autorisa. Non moins charitable que stricte et que juste,
elle prit en temps de disette des mesures pour alimenter les
dépôts de vivres et obtint de son père l'autorisation de faire
de larges distributions de blé aux nécessiteux. Bref, son administration fut en tout si conforme aux principes du droit, de
l'équité et de la charité bien entendue qu'elle rencontra auprès
de la haute magistrature l'approbation la plus flatteuse : quand
une cause jugée dans l'état de Mondéjar venait par voie d'appel
au Conseil Royal, les juges savaient d'avance qu'ils n'auraient
qu'à confirmer la première sentence et la confirmaient toujours. Grande et agréable fut la surprise du marquis, quand il
revint de Naples, de trouver tout en si bon ordre, ses dettes
payées, ses cens rachetés, de plus de l'argent dans ses coffres,
et sans que sa fille eût jamais eu recours à certains expédients
comme d'élever le prix de vente des offices, ce qu'elle estimait,
avec raison, préjudiciable à l'intérêt général des vassaux.
Lorsque vint le moment de rendre ses comptes, son père ne
voulut rien examiner, mais Dª Catalina exigea la vérification

par le menu de sa gestion dont le montant pendant cinq ans s'élevait à cent trois mille ducats, sur lesquels elle remit au marquis vingt et un mille ducats qui lui restaient en caisse, en écus d'or et en réaux. Les comptes apurés, on constata un découvert de huit réaux qu'elle s'empressa de restituer pour qu'il ne lui restât rien dans les mains, comme elle disait, de l'argent qu'elle avait manié.

Le gouvernement du marquis de Mondéjar à Naples avait été assez orageux et lui avait valu de nombreux ennuis et déboires. Venu en Italie au mois de juillet 1575 pour remplacer le cardinal de Granvelle, que Philippe II voulait avoir en Espagne pour lui confier la direction de sa politique étrangère, Mondéjar se laissa d'abord induire à révoquer diverses ordonnances de son prédécesseur qui avaient été bien accueillies et tomba sous la dépendance d'un aventurier du nom de Scipione Cutinari dont l'ambition effrénée, soutenue un temps par le roi et son représentant, finit par révolter toute la noblesse qui obtint son arrestation, bientôt suivie de sa mort en prison[1]. Après ce fâcheux début, le marquis eut toutes sortes de démêlés avec Don Juan d'Autriche, assez mécontent de retrouver à Naples son ancien émule dans la guerre contre les Morisques : la rencontre de ces deux hommes, l'un frère du roi, l'autre son lieutenant, ne pouvait que provoquer des conflits et même des scènes violentes, comme celle qui eut lieu au Castel Nuovo, résidence de Don Juan, et où l'on vit le prince tirer son poignard, dont il aurait frappé le marquis si les personnes présentes ne s'étaient interposées[2]. Le caractère hautain et impérieux de Mondéjar, loin de s'adoucir au contact des Napolitains, s'exaspéra. En ce pays de mœurs faciles et

1. Domenico Antonio Parrino, *Teatro eroico e politico dei governi de' vicerè del regno di Napoli*, éd. de 1875, t. I, p. 304. Selon l'usage, le roi profita de la satisfaction qu'il consentit à donner aux Napolitains pour leur imposer un fort *donativo*, d'un million et deux cent mille ducats, dit un écrit de l'époque, qui ajoute : « e veneranno volentieri a questo atto per la satisfazione che ha dato Sua Maestà a tutta la nobiltà di questo Regno, con avere annullato quanto si era fatto per la intrata nel Seggio del Guttinario, avendo comandato che vc si metta perpetuo silenzio, e levatoli il privilegio che avea in casa, privandolo della dignità che il Reggente suo fratello l'avea procurato » (Francesco Palermo, *Narrazioni e documenti sulla storia del regno di Napoli dell' anno 1522 al 1667*, Florence, 1846, p. 213).

2. Parrino, *Teatro*, éd. cit., t. I, p. 305.

joyeuses, on lui reprochait son flegme silencieux, le terrible *sosiego* espagnol si antipathique à Pulcinella, et aussi son orgueil quasi royal, témoin l'anecdote suivante contée par un ambassadeur vénitien. Un grand personnage napolitain, qui était allé lui rendre visite, raconta qu'en entrant au palais il avait cru parler au vice-roi de Naples, mais qu'il avait « trouvé le roi d'Espagne »[1]. On lui reprochait encore sa méfiance à l'égard de ses subordonnés, son irrésolution qui entravait la marche des affaires et enfin son désir immodéré d'accroître sa fortune et d'avancer ses enfants dont quatre l'avaient suivi en Italie[2]. Parmi ses faux pas et ses actes malencontreux qui ameutèrent contre lui la populace, on cite la mesure qu'il prit, à l'instigation de personnes intéressées, de laisser pétrir du pain de froment avec une certaine herbe réputée très nutritive : cela faillit causer une révolte des lazzaroni accoutumés à leur pain de pur froment et qu'une telle mixture indignait[3]. Mais ce qui acheva de ruiner le crédit du vice-roi et lui attira même le mauvais vouloir de Philippe II fut le fait suivant, rapporté par Parrino. La jeune Donna Anna Clarice Carafa, fille du duc de Mondragone et unique héritière de la puissante maison, avait été confiée aux religieuses du monastère royal des saints Pierre et Sébastien, en attendant qu'on la mariât, selon le désir de son père, au comte de Soriano, fils aîné du duc de Nocera, autre Carafa ; mais le prince de Stigliano, grand-père de la jeune fille, mécontent de voir s'éteindre sa lignée masculine, résolut d'épouser une Donna Lucrezia del Tufo, dont il ne tarda pas à avoir un fils, destiné naturellement à recueillir

---

1. Girolamo Lippomano, *Relazione di Napoli, 1575* ; dans les *Relazioni degli ambasciatori veneti*, serie II*, vol. II*, p. 289.

2. « Non si fida dei ministri, nè manco di sè stesso, restando per questo dubbio di deliberare ed espedir cosa alcuna... È desideroso d'onore, ed ha causa d'accumular ricchezze avendo sette figli ed una femmina, dei quali quattro ne ha appresso di sè » (Lippomano, *l. c.*, p. 289). A. von Reumont, dans son ouvrage sur les Carafa de Maddaloni, charge encore le marquis de Mondéjar d'avoir donné des droits de préséance à divers parents et même à son frère naturel sur les membres de la noblesse napolitaine (*Die Carafa von Maddaloni. Neapel unter spanischer Herrschaft*, Berlin, 1851, t. I, p. 329). Le trait en question, conté par un agent du duc d'Urbino (voy. Palermo, *Narrazioni*, p. 215), se rapporte à l'année 1582 et par conséquent concerne, non Mondéjar, mais D. Pedro Téllez Girón, premier duc d'Osuna, vice-roi de Naples de 1582 à 1586.

3. Parrino, *Teatro*, éd. cit., t. I, p. 308.

le grand héritage. Ces incidents brouillèrent entre eux les
Carafa et incitèrent Mondéjar à profiter de leurs dissensions,
se flattant d'obtenir la main d'Anna Clarice pour son fils aîné,
D. Luís Hurtado de Mendoza. Toutefois, sentant qu'il importait
avant tout de soustraire la jeune fille à l'influence des religieuses qui la gardaient, il se décida à dépêcher au couvent
trois magistrats, escortés de cent cinquante soldats espagnols,
pour l'enlever de force. Les saintes recluses protestèrent contre
cette violence, et les portes de la clôture ayant été brisées, on
vit alors l'abbesse, suivie de toutes les religieuses portant des
reliques et implorant l'assistance des saints protecteurs de la
maison, s'avancer vers les agents du vice-roi, qui, saisis
d'effroi à la vue de cette procession et de ce palladium, tombè-
rent à genoux, adorèrent les reliques, puis s'enfuirent à toutes
jambes. Le scandale fut énorme; tous les Carafa se sentirent
atteints dans leur honneur et leur sécurité, et portèrent leurs
doléances aux pieds de Philippe II, mal disposé déjà à l'égard
du marquis et qui n'hésita pas à le remplacer immédiatement
à Naples par D. Juan de Zúñiga, son ambassadeur près la cour
pontificale[1]. Mondéjar dut s'embarquer au gros de la mauvaise saison, le 8 novembre 1579, accompagné, dit Parrino,
« plutôt de son repentir et des larmes de ses proches que des
bénédictions des Napolitains[2]. » Rentré en Espagne, avec cent
soixante arrobes d'argent ouvré dont l'emballage seul coûta
mille ducats[3], ses amis et partisans cherchèrent à le réconcilier
avec le roi et à obtenir pour lui le commandement de l'armée
destinée à envahir le Portugal; mais Philippe II, qui avait déjà

1. Parrino, *Teatro*, éd. cit., t. I, p. 309.
2. Un autre historien napolitain, Giulio Cesare Capaccio, se risque à dire du marquis dans son curieux livre intitulé *Il Forastiero* (Naples, 1634, p. 480): « Non sò come
partisse un poco mal visto... » Réticence qui, sous la plume d'un si humble et fidèle
sujet de l'Espagne, semble assez significative. On peut aussi citer l'opinion du cardinal de Granvelle, quoiqu'il fût assez prévenu contre le marquis son successeur
Après avoir, dans une lettre à Marguerite de Parme du 19 juillet 1578, écrit que « les
affaires du marquis de Mondéjar passent quelques bourrasques, pour tant de plaintes
que se font contre luy », il note, dans une autre lettre à la même du 9 novembre
1579, que « le marquis de Mondéjar part mal volentiers de Naples ». (*Correspondance
du cardinal de Granvelle*, t. VII, p. 128 et 495).
3. Matías Escudero, *Relacion de cosas notables que an sucedido en diversas partes de
la christiandad, especialmente en España*, dans J. Catalina García, *Biblioteca de escritores
de la provincia de Guadalajara*, p. 117.

porté son choix sur le duc d'Albe[1], ne voulut rien entendre et ne
se pressa pas d'autoriser Mondéjar à venir lui baiser les mains,
comme c'était la coutume après l'exercice d'une charge; il
semble même avoir retardé autant que possible l'accomplissement de cette formalité[2]. Ainsi se termina la carrière publique
du troisième marquis de Mondéjar, D. Iñigo López de Mendoza,
qui, rentré dans son fief principal, y mourut moins de deux
mois après son arrivée, le 22 avril 1580[3], après avoir institué,
au nombre de ses exécuteurs testamentaires, sa fille naturelle
D[e] Catalina de Mendoza, preuve évidente de l'affection et de
l'estime qu'il lui conserva jusqu'à la fin de sa vie.

Après la mort de son père, Catherine se sentit plus à l'aise
pour suivre les penchants de son cœur, pour se donner entièrement à Dieu et aux pratiques de la vie religieuse. Il y avait
vraiment en elle l'étoffe d'une disciple de sainte Thérèse, et
l'on se demande comment, une fois libérée des devoirs envers
sa famille, elle ne prit pas l'habit des carmélites réformées par
la grande sainte. Non, elle ne le prit pas : l'originalité de sa
vie consiste précisément en ceci qu'elle demeura dans le
monde, tout en prononçant des vœux aussi stricts que la religieuse la plus cloîtrée et les observa avec la même rigueur.
Pour entrer en religion, car elle en eut un moment l'idée, elle
attendait un appel d'en haut, qui ne vint pas, ou tout au moins

1. « Para elegir Capitan general le proponian [al Rey] al Marqués de Mondéxar, y
pareciôle, como á muchos, era el mas á propósito el Duque de Alba » (Cabrera,
Historia de Felipe II, éd. de 1876, t. II, p. 576).

2. Par deux fois, le marquis sollicita du roi la permission de se présenter devant
lui : le 2 mars 1580, jour de son arrivée à Mondéjar, et le 7 du même mois (British
Museum, ms. Add. 28,342, fol. 28 et 32). Or, il ressort de la lettre de la marquise
citée dans la note suivante que l'audience fut accordée seulement vers le milieu
d'avril.

3. « Pocos dias despues de hauer buelto el Marques mi marido de vesar a V. M[d] la
mano, fue nuestro señor seruido de dalle vna enfermedad de que murio a los XXII
de abril... » (Lettre de la marquise de Mondéjar, D[e] Maria de Mendoza, à Philippe II,
datée de Mondéjar, 3 mai 1580. British Museum, ms. Add. 28,342, fol. 47). C'est donc
par erreur que D. Juan Catalina García dit que le marquis D. Iñigo mourut à Mondéjar en 1587 (*Memorial histórico*, t. XLII, p. 328); cette date est d'ailleurs en contradiction avec la Relation de Mondéjar du 30 mars 1581 qu'il publie et où le fils aîné
du troisième marquis, D. Luis Hurtado de Mendoza, est expressément désigné comme
possesseur actuel du marquisat : « dél la heredó D[e] Yñigo Lopez de Mendoza, Marqués de Mondéjar, Vi-Rey de Napoles, y de él el IIIe Marqués D[e] Luis que agora
vie (*Ibid.*, p. 311). Matías Escudero, dans sa *Relacion de cosas notables*, place la mort
du marquis sous l'année 1580, mais se trompe quant au jour du décès : 7 mai, au
lieu du 22 avril.

une invitation de son confesseur, qui s'abstint. Diverses bonnes âmes cependant lui montraient le chemin du couvent, entre autres certaine religieuse, tenue pour fort sainte, qui prétendit avoir reçu de Dieu l'ordre de l'y pousser, mais Catherine avec infiniment de bon sens répondit qu'on pouvait facilement se tromper sur la portée de ces révélations, et pourquoi Dieu, disait-elle, « ne prendrait-il pas le chemin plus simple de manifester sa volonté par mon confesseur plutôt que de vous la révéler à vous ? » Catherine resta donc ce qu'elle était, une simple béate[1]. Toutefois aux vœux de chasteté et d'obéissance qu'elle gardait déjà, elle voulut, à partir de 1588, joindre aussi celui de pauvreté, en donnant toute sa fortune au Collège de la Compagnie à Alcalá de Henares, fondé par sa tante et par elle-même. Les pères résistèrent tant qu'ils purent et pour plusieurs raisons : il leur semblait que cette détermination de la part d'une personne de qualité, habituée à un certain confort et qui n'était plus jeune, devait être combattue comme imprudente et déplacée, puis ils craignaient, sinon l'opposition de ses parents qu'ils savaient disposés à céder à Catherine, au moins l'opinion publique qui trouverait là un prétexte à accuser la Compagnie d'accaparement. Il fallut douze années de négociations et l'intervention du général des jésuites pour régler cette affaire. Enfin, le 24 juin 1600 et en présence d'une nombreuse assistance composée de très nobles dames et de plusieurs Pères, Dª Catalina de Mendoza lut cette déclaration solennelle qui la liait pour toujours :

Mon Dieu, mon seigneur et tout mon bien, moi, Catherine, votre très indigne esclave, mue du désir de vous servir, en présence de la Vierge Notre Dame et de toute la cour céleste, je promets par vœu à votre divine Majesté perpétuelle chasteté, pauvreté et obéissance entre les mains du R. P. Claudio Acquaviva, général de la Compagnie de Jésus, et au R. P. Hernando Lucero, provincial de la même Compagnie et à tous ceux qui leur succéderont dans ces charges, et je demande humblement que votre infinie bonté reçoive en odeur de suavité mon

1. On peut rapprocher de son cas celui d'une autre Catherine, la fameuse Dª Catalina de Cardona († 1577) qui, bien qu'elle eût pris l'habit des carmélites, ne voulut jamais professer afin de se livrer plus librement à sa vie solitaire dans sa grotte et à toutes ses mortifications (Santa Teresa, *Libro de las fundaciones*, ch. XXVIII).

sacrifice et que, puisque vous m'avez déjà permis de le désirer et de
vous l'offrir, vous m'accordiez la grâce de l'accomplir et de l'observer
strictement pour la gloire et l'honneur de votre très saint nom. Fait
à Alcalá de Henares, le 24ᵉ jour du mois de juin 1600.

Dès 1570, elle s'était fait construire une maison dans la
Grand-Rue d'Alcalá de Henares, qu'elle habitait au moment
de prononcer son troisième vœu[1]. Contente d'y garder un seul
appartement, elle céda tout le reste aux Pères et ordonna de
vendre à la criée les meubles, tentures, ustensiles et objets
divers condamnés comme superflus, et à ceux qui, tout en
admirant cet acte de renonciation spontané aux douceurs de
l'existence, se récriaient et lui reprochaient de se dépouiller,
elle répondit simplement : « Mais de quoi vous étonnez-vous ?
Je n'ai rien fait d'autre que de sortir de ma maison un panier
d'ordures et de le verser dans la rue[2]. » Son mobilier se com-
posa désormais d'un lit de sangles, d'une petite chaise et d'une
armoire en bois de pin pour y mettre les livres spirituels
qu'elle lisait. Aucune tenture, pas même une natte le long du
mur, et le P. Hernando Lucero eut toutes les peines du monde
à obtenir que, pour la garantir du froid, on posât devant son
lit un rideau d'étoffe grossière (paño frailesco) et un autre
devant la fenêtre pour intercepter l'air. De lampe, elle n'en
voulut pas, mais d'une boîte à conserves elle fabriqua un chan-
delier destiné à recevoir une mince bougie, considérant ce
mode d'éclairage très suffisant.

Comment se comporta cette pénitente volontaire pendant
les deux années qui lui restaient à vivre ? C'est ce que le
biographe anonyme a raconté fort en détail dans le livre II de
son ouvrage, mais il a mêlé à son récit bien des traits qui
remontent à une époque antérieure à 1600 et qui concernent
surtout des actes de mortification et des exercices spirituels, car
longtemps avant de faire vœu de pauvreté, Catherine avait
rompu avec les vanités du monde et s'était astreinte à une sorte

---

1. « Treinta y dos años viuio en la casa que tenia en la calle mayor de Alcala...
De t ..la su casa que ella auia fabricado tomo para si vn solo aposento... » (*Historia de
la vida*, etc., p. 254 et 91).

2. No e hecho mas que sacar vna espuerta de vasura de mi casa y echarla en la
calle. (*Ibid.*, p. 90).

d'entraînement disciplinaire et d'exaltation religieuse digne de
la béate la plus accomplie. Mortifier la chair par l'abstinence,
le jeûne, tous les genres de discipline, est la première leçon
que donnent aux aspirants à la vraie vie de l'âme les professeurs de « recueillement » spirituel : pour atteindre au *recogi-
miento* ou concentration en Dieu, il faut isoler l'âme, la dégager
des fonctions du corps, châtier successivement tous les sens.
Catherine s'y exerça avec une assiduité, une ténacité qui touche
à l'acharnement. Déjà à l'époque où elle vivait chez ses
grands-parents puis chez sa tante Dª María, elle usait de tous
les moyens pour goûter le moins possible aux mets succulents
qu'on lui présentait. On la voyait tourner longtemps sa
cuillère comme pour choisir les meilleurs morceaux, mais
c'était pour gagner du temps et attendre le moment propice
où elle pourrait passer son assiette au page de service : bien
souvent elle se levait de table sans avoir mangé autre chose
que du pain et quelques bouchées de viande. Après la mort
de sa tante, le régime devint encore plus sévère: un seul
repas frugal vers le soir pour se procurer un peu de sommeil, et les jours de grand régal des herbes cuites et une
bouillie de farine. Catherine aimait à manger seule afin
d'échapper à la surveillance de sa domesticité et de prélever
sur sa nourriture ce qu'elle destinait aux pauvres. Une fois son
pieux larcin fut découvert d'une façon assez plaisante. Ayant
glissé dans une de ses manches des œufs à la coque qu'on lui
avait servis, elle ne trouva pas tout de suite de pauvre à qui
les donner et les oublia ; mais, à un mouvement brusque qu'elle
fit bientôt après, les œufs se cassèrent et se répandirent sur sa
robe, pour la plus grande joie, comme bien l'on pense, des
servantes qui la prirent ainsi en flagrant délit.

Ce n'est pas assez de réduire l'alimentation au strict indispen-
sable, il faut meurtrir et lacérer le corps. Aujourd'hui, le récit
des châtiments que s'infligeait cette femme produit une impression assez pénible ; jadis on trouvait cela fort naturel, aussi
bien chez nous qu'en Espagne : qu'on songe, par exemple, au
régime disciplinaire de Mᵐᵉ Guyon, autre mondaine contemplative dont l'apprentissage offre assez de ressemblance avec

celui de Catherine. L'Espagne donnait de plus le spectacle fréquent de disciplines publiques et très affichées. Des confréries de flagellants suivaient les processions se fustigeant avec des fouets armés de boules de cire mêlée à du verre pilé, et aspergeaient de leur sang la foule accourue pour contempler ces exercices auxquels elle prenait un vif intérêt, de curiosité plutôt que de dévotion. Mme d'Aulnoy nous rapporte qu'il y avait « des règles pour se donner la discipline de bonne grâce » et que des maîtres en enseignaient l'art, comme on montre à danser ou à faire des armes[1]. Nombreuses sont les allusions à ces pratiques, dans la littérature espagnole. Ainsi l'auteur de la *Picara Justina* nous a laissé l'amusante description d'un flagellant perdu d'amour qui, pour gagner les faveurs de sa maîtresse, étale sa peau blanche, danse et se fouette avec frénésie jusqu'à ce que des torrents de sang l'inondent[2]. Quevedo, lui, se rit de ce genre de pénitence; il trouve toutefois que la flagellation a du bon... « pour les gens apoplectiques qui font ainsi l'économie du barbier[3]. » Bref, le *disciplinante galán* tient sa place dans la société espagnole du XVIIe siècle, il en est un des types caractéristiques. Mais la flagellation publique donne plutôt l'idée d'une singerie de la dévotion[4]; les vrais dévots mortifiaient leur chair en secret : beaucoup portaient haires et cilices, sans en informer d'autres que leur confesseur. Catherine en usait ainsi, seulement elle apporta dans sa façon de se discipliner une persévérance méticuleuse et de véritables raffinements de cruauté. Après avoir donné la préférence à la discipline répétée et jusqu'à sept fois par jour, comme on l'a vu, elle adopta le système d'une seule discipline quotidienne, mais très prolongée et avec des instruments pénétrants, des chaînes munies de pointes pareilles à des molettes d'épe-

---

1. *Voyage d'Espagne*, éd. de Mme B. Carrey, p. 304.
2. *Picara Justina*, livre IV, ch. 2.
3.   Azótese el que es sanguino,
            Por ahorrar de barberos...
                    (*Poesias*, éd. Janer, n° 498.)

4. Au XVIIIe siècle, les flagellants ne se recrutaient plus que dans la basse populace. « Acciones de virtud que hacen ó suelen hacer los rufiancillos por especie de galanteo á sus chuscas, » dit de ces fustigations D. Fulgencio Afan de Ribera dans *La Virtud al uso y Mistica à la moda*, p. 458 de la Bibl. Rivadeneyra.

ron : aussi « toutes ses disciplines étaient-elles *de sang* et lui laissaient-elles le corps tout déchiré et meurtri, surtout lorsqu'en souvenir des cinq mille et quelques coups que reçurent, dit-on, les divines épaules de Notre Seigneur, elle s'efforçait de s'en donner autant ». Et notre auteur rapporte à ce propos un trait d'une ingénuité charmante. Quelque mijaurée ayant dit à Catherine d'un ton aigre-doux qu'on s'habituait aux disciplines comme à toute chose, celle-ci répondit simplement : « Lorsque les disciplines font des plaies qui se rouvrent quand on recommence, je vous assure qu'on les sent et bien ». Ses cilices, elle les voulait non de crin, mais d'un tissu semé de cardes à carder la laine, ou bien elle s'enroulait dans une chaîne aussi garnie de pointes aiguës et la gardait si longtemps, nuit et jour, que la chair croissait dans les interstices. Qu'on juge de ce que devait être la douleur quand elle enlevait cet appareil ! Les rares devoirs mondains auxquels il lui était impossible de se soustraire appelaient en quelque sorte un rachat et une recrudescence de mortification. Contrainte en une circonstance d'accompagner à la promenade sa belle-sœur, la comtesse de Tendilla, aux environs de Mondéjar, Catherine aperçoit une touffe de chardons particulièrement armés de piquants, et la voilà qui se met à en cueillir pour se composer un cilice plus douloureux que tous les autres, car les piquants des chardons se brisaient dans sa chair et y causaient une inflammation dont elle tomba gravement malade. Pour dormir, au lieu de se coucher dans son lit, elle s'étendait sur le plancher, et lorsque sa tante Dª María, pour l'en empêcher, la fit coucher dans sa propre chambre, Catherine obtint de la servante qu'elle plaçât sous les draps du lit deux planches réunies par une charnière. L'invention de ce matelas d'un nouveau genre ayant été découverte aussi par sa parente, elle ne se découragea pas et trouva un autre expédient pour rendre sa couche aussi inhospitalière que possible, en y répandant des cailloux qu'elle tenait soigneusement enfermés dans un coffre jusqu'au moment de s'en servir.

Mais laissons cette description de tortures qu'on pourrait croire extraite de quelque martyrologe et que les hagiographes ont coutume d'attribuer à toutes les saintes du calendrier.

Aussi bien — et sans prétendre accuser Catherine de simula-
tions assez fréquentes cependant chez certaines névrosées, ou
son historien d'imposture, — doit-on admettre ici en tout cas
une part d'exagération due à la reconnaissance des Pères
envers leur bienfaitrice, dont ils auraient sans doute, si les
circonstances s'y étaient prêtées, demandé la béatification.
Possible que Catherine ait par moments martyrisé son corps,
mais le traitement tel qu'il vient d'être décrit n'a pas pu avoir
lieu d'une façon continue pendant des années : aucune consti-
tution n'y eût résisté, moins que d'autres la sienne, qu'on
nous représente comme assez frêle et délicate et qui, à la suite
de l'incident du mariage, reçut une atteinte profonde dont le
caractère pathologique se laisse deviner. Plus intéressants sont
les soins que donnait Catherine à sa nature morale, les moyens
qu'elle employait pour discipliner ses sens, qui furent châtiés
avec non moins de méthode que sa chair. D'abord elle corrigea
son maintien extérieur afin de le mettre en harmonie avec le
nouvel emploi. Comme une jeune fille du monde, gracieuse et
spirituelle, qui, de nos jours et sous l'influence d'un accès de
religiosité, s'affilierait à quelque Armée du Salut et en prendrait le jargon et l'uniforme, notre béate voulut que rien ne
subsistât, sous ses voiles et sa bure, de la jolie et fringante
Dᵃ Catalina de Mendoza. Tout devait être sacrifié, offert en
holocauste au souverain maître : beauté, tournure, les goûts
et les occupations de sa jeunesse. Pour hâler son teint très
blanc, elle se lavait le visage avec une eau de potasse, puis
l'exposait au soleil ; ses mains, auparavant très soignées,
elle les rendit rugueuses à l'aide d'une décoction de noix
vertes. Sacrifice non moins notable : elle rasa ses cheveux
d'un blond si doré et si fins que, mêlés à des fils d'argent, ils
servirent à broder la robe d'une image de la Vierge. Jadis,
comme il convenait à une fille de grande maison, on la voyait
marcher d'une allure assurée et si droite que le grand-oncle
D. Diego, qui avait du trait et le mot pour rire, disait en
l'observant : « On croirait qu'elle a avalé une broche¹. » Cette

---

1. « En el andar era tan graciosa, tan serena y derecha que la solía dezir el Sʳ D.
Diego de Mendoza que parecía comía asadores, segun andaua de derecha » (*Historia
de la vida*, etc., p. 244).

démarche fut réformée et le corps alla désormais ballant de
droite et de gauche ; les vêtements, de même, quoique propres,
furent à dessein si mal coupés et ajustés qu'aucune de ses
femmes n'eût consenti à les mettre. Les dons de l'esprit sont
encore un ornement où la vanité peut trouver son compte :
supprimons-les ou altérons-les, se dit-elle, pour encourir le
mépris des mondains. Une servante, mal dégrossie, très
simple d'esprit, mais d'une grande droiture, reçut la charge
de répondre à toutes les lettres adressées à Catherine, qui, de
sa main, recopiait la rédaction de l'honnête Maritorne, sans y
rien corriger : plus ses correspondants étaient gens considérables, plus elle se plaisait à les rendre témoins de cet acte
d'humilité. Ses amies s'amusaient assez de lire ces épîtres en
style de cuisinière, entre autres une Dª Costanza Osorio, qui
voulut lui prouver sa satisfaction en lui envoyant une image
de l'Assomption de Notre-Dame. « Voyez, dit alors Catherine
à sa tante Dª María qui la reprenait d'user de ce secrétaire,
voyez cette image, je n'en ai jamais reçu de si belle quand
j'écrivais moi-même mes lettres, je la dois à l'ingénuité de
cette fille. » Tous les sens durent expier les coupables satis-
factions qu'ils s'étaient accordées. Pour punir son goût, elle
allait jusqu'à se priver de boire en été pendant huit jours ; ou
bien, quand on lui avait prescrit une purge, quelque affreuse
drogue de la médecine du temps, elle la dégustait lentement,
à petites gorgées, jusqu'au dépôt resté au fond du vase, pour
ne rien perdre de la saveur désagréable de tous les ingrédients
qui la composaient. Le châtiment du sens de la vue consistait
à se priver de tout spectacle de nature à la distraire ou
l'égayer. Elle refusa de voir un danseur de cordes, quoique de
la maison de son père elle aurait pu suivre ses exercices sans
se faire remarquer ; elle refusa aussi d'entendre une comédie
donnée à ses grands-parents et dont le sujet, l'Enfant prodigue,
pouvait cependant calmer ses scrupules ; enfin dans cette ville
universitaire d'Alcalá où les anniversaires, les doctorats, les
nominations aux chaires vacantes se succédaient sans inter-
ruption d'un bout de l'année à l'autre et causaient un va-et-
vient perpétuel d'étudiants à pied et à cheval, de bruyantes

manifestations et de joyeux défilés, jamais, quoique tout
cela passât devant sa maison de la Calle Mayor, elle ne consentit de la fenêtre à y jeter un coup d'œil. Même les fêtes
religieuses célébrées dans les églises lui inspiraient une certaine
crainte; elle n'y assistait que la mantille sur les yeux, les
mains jointes et en prière[1]. Quand on sait à quel point les
femmes espagnoles, assez sevrées de distractions dans leur
intérieur, goûtent les spectacles publics, on appréciera toute
l'étendue de ce sacrifice.

Il faudrait des pages pour résumer les traits d'humilité, de
patience, de charité et de mansuétude que relate complaisam-
ment l'auteur de sa vie. Soit qu'elle vécût sur un pied d'éga-
lité parfaite avec ses femmes, refusant d'accepter leurs services
et les servant parfois elle-même, allant jusqu'à se faire battre
par l'une d'elles, grosse fille de campagne, qui n'y allait pas
de main morte et tombait sur sa maîtresse à coups de poing
et de semelle de soulier; soit qu'elle se privât de lectures
latines ou de dire ses prières en latin pour ne pas étaler une
instruction rare chez les femmes de son temps et qu'on eût
interprétée comme un mouvement d'orgueil, soit enfin qu'elle
souffrît avec une entière résignation mille désagréments,
qu'elle s'y exposât même, par exemple d'être traitée de
folle par des gens que révoltait son vœu de pauvreté, ou de
recevoir à l'église, les jours de grandes solennités, les bour-
rades et les injures des assistants mécontents d'avoir à
faire place à l'humble béate : Catherine supportait tout,
joyeusement et avec la conviction que chacune de ses mortifications lui était salutaire, rachetait peut-être quelque péché
et la rapprochait de cet état de grâce qu'elle recherchait avec
tant d'ardeur.

Il reste à la suivre dans sa vie religieuse intérieure. Une
béate qui ne gravit pas les degrés de l'oraison mentale jusqu'à

[1] L'un de ses maîtres, saint Jean de la Croix, met en garde les apprentis spirituels contre le plaisir qu'ils prennent à la célébration des fêtes religieuses : « Acaece
á muchos el dia de hoy que, quando hay solemnidad en alguna parte, mas se suelen
alegrar por lo que ellos se han de holgar en ella, ahora por ver o ser vistos, ahora por
comer, ahora por otros respetos, que por agradar á Dios » (Subida del Monte Carmelo,
l. III, ch. 37).

l'union, sinon jusqu'à l'extase, ou la liquéfaction, qui n'obtient
pas la faveur d'entretiens avec le Maître[1], accompagnés de
visions et de révélations, reste à mi-chemin de sa carrière, car
cette guerre sans trêve ni merci contre la chair, cette absolue
purification des sens n'ont qu'un but : préparer l'âme au
recueillement intérieur, l'introduire dans la « nuit obscure » de
saint Jean de la Croix ou les « heureuses ténèbres » de Molinos,
pour l'amener enfin à la contemplation[2]. L'exemple de sainte
Thérèse et la lecture de ses œuvres exerçaient, à cette époque,
sur les religieuses cloîtrées une attraction extraordinaire en
leur découvrant un idéal de vie sainte que beaucoup désiraient
ardemment réaliser. En dehors des couvents, l'influence de
la grande carmélite se faisait non moins sentir, vu que ses
confessions, et les descriptions si précises qu'elle donne dans
sa *Vida* et ailleurs des étapes de son initiation aux mystères
de l'oraison mentale, révélaient pour la première fois à quantité de pieuses femmes, étrangères aux doctrines mystiques, les
règles de l'éducation spirituelle et la manière d'atteindre un
degré de religiosité qui les ravissait. Le langage si familier de
la Mère, sa façon si dénuée de tout artifice littéraire d'expliquer
les mouvements de l'âme contemplative mettaient à la portée
des béates une théologie, nullement abstruse d'ailleurs, mais
trop délicate cependant pour des personnes peu instruites et
peu habituées à suivre des raisonnements et des déductions. En
même temps, la lecture de sainte Thérèse eut pour résultat
d'épurer, en quelque mesure au moins, la religion de ces
dévotes laïques, en les mettant en garde contre certains égare-
ments de l'âme dont elle avait souffert, en particulier contre les
fausses révélations. Certes, il y eut après elle, en Espagne, bien

---

1. « Mira, hijo, los místicos, para distinguirnos de los pecadores, cuando necesi-
tamos nombrar á Dios ó á Cristo, señor nuestro, usamos de esta distintiva voz *el Amo*
(Afan de Ribera, *La Virtud al uso y Mística á la moda*, p. 450b de Rivadeneyra).

2. Le quiétisme de Molinos, aboutissement naturel du mysticisme espagnol du
xvi⁰ siècle et qui ne s'en distingue d'ailleurs que par des nuances à peine perceptibles,
prescrit de renoncer aux disciplines ou de les modérer, lorsque l'âme est entrée dans
la voie spirituelle et que commence la mortification intérieure, car il faut que
l'esprit ne soit pas troublé par les souffrances de la chair : « ma quando l'anima và
entrando nella via dello spirito, abbracciando l'interior mortificatione, devono
t mperare le penitenze del corpo per essere a bastanza trauagliato dallo spirito »
(*Guida Spirituale*, livre II, ch. 15).

des *beatas revelanderas*, dont les mystifications causèrent d'assez gros scandales. Mais l'admirable sincérité de Thérèse, la droiture de son jugement si pénétrant à la fois et si sain produisirent d'heureux effets et contribuèrent puissamment à corriger beaucoup d'abus[1] : on eut par elle et par ses écrits un moyen sûr de distinguer les vrais des faux *spirituels*.

A certains égards, il est permis de tenir Dᵃ Catalina de Mendoza pour une disciple de sainte Thérèse dont la vie et les œuvres lui étaient incontestablement connues; elle put trouver là son « introduction à la vie dévote ». Après avoir purgé son corps et son âme de leurs mauvais penchants et de leurs « humanités », Catherine s'entraîna à l'oraison mentale avec une ferveur qui allait jusqu'à compromettre sa santé et que son confesseur avait peine à réprimer. La durée des prières était telle qu'il lui fallait varier ses postures, mettre ses bras en croix ou se coucher le visage collé contre terre, ce qui lui valut de perdre ses dents de bonne heure; ou bien, pour triompher du sommeil, placer sur son cou et ses épaules des morceaux de glace, sortir en plein hiver dans un corridor exposé à tous les vents, se transpercer les oreilles d'épingles ou user d'autres disciplines. Des efforts si soutenus méritaient une récompense : Catherine finit par avoir le don d'oraison, « ce don que Notre Seigneur Jésus-Christ n'accorde qu'à ses amis très familiers et privilégiés. » Du degré inférieur, qui n'est que la prière purifiante et au cours de laquelle la seule considération des supplices de l'enfer terrifiait Catherine au

---

1. L'Inquisition surveillait de près les béates, même celles qui lui paraissaient sincères. Llorente mentionne une circulaire de la Suprème du 25 octobre 1575, pour « faire cesser les abus qui naissent de la liberté qu'ont un grand nombre de femmes de porter dans leurs propres maisons l'habit de religieuse, et, sans être soumises au régime de la communauté, de promettre obéissance au prêtre qu'elles ont pris pour leur directeur spirituel » (*Histoire critique de l'Inquisition d'Espagne*, Paris, 1818, t. III, p. 59). En ce qui concerne particulièrement l'obéissance au confesseur, le biographe de Dᵃ Catalina rappelle que cet acte de soumission ayant été blâmé par un synode provincial de Tolède, elle voulut promettre obéissance au *général de la Compagnie de Jésus* (*Historia de la vida*, etc., p. 312). Louis de Grenade traite cette question dans son fameux sermon des « chutes » : « Otro aviso es contra unas obediencias que suelen dar algunas mugeres devotas á sus padres espirituales... Y aunque generalmente hablando toda obediencia es buena, pero esta es muy peligrosa, porque de ella nace una muy familiar amistad entre el penitente y el padre espiritual, la cual suele el demonio poco á poco fomentar y atizar de tal manera que, como Santo Thomas dice, muchas veces esta amistad espiritual se transforma y muda en carnal » (*Obras de Fr. Luis de Granada*, éd. Cuervo, t. XIV, p. 570).

point de l'annihiler complètement, — on la trouva une fois
comme morte sur le sol de sa chambre, — elle s'éleva peu à
peu jusqu'à l'oraison de *quiétude* où l'intelligence s'endort et
laisse l'âme dans un contentement infini, en comparaison
duquel toutes les voluptés de ce monde ne comptent pour
rien. Mais Dieu accorda à cette vierge une faveur plus haute
encore; la prenant par la main et l'attirant à lui, elle continua
l'ascension et put jouir bientôt d'un degré supérieur de l'oraison, dénommé par les mystiques l'*union*, qui crée entre Dieu
et l'âme un lien si étroit, un tel embrassement que l'âme a
bien conscience de sa félicité, mais demeure incapable de la
décrire. Dans cet état voisin de l'extase, elle disait à son
confesseur qu'elle avait l'impression d'être comme une éponge
qui, au milieu d'un grand fleuve, s'imbibe d'eau, et que son
oraison habituelle consistait à se sentir entièrement noyée en
Dieu, ainsi qu'un homme submergé dans les profondeurs de la
mer. « L'âme, » dit saint François de Sales, à peu près dans les
mêmes termes, « laquelle, quoyque amante, demeuroit encore
en elle-mesme, sort par cet escoulement sacré et fluidité
saincte et se quitte soi-mesme, non seulement pour s'unir au
bien-aimé, mais pour se mesler toute et *se destremper avec
luy* [1]. » Alors il n'y a plus ni entendement ni volonté; toutes
les facultés sont absorbées par cet amour divin : aussi le
sujet devient-il insensible à ce qui se passe en dehors de sa
contemplation. Catherine s'asseyait machinalement à table et
se levait sans avoir touché à aucun mets; ou bien, si des
personnes se trouvaient chez elle en visite, elle ne les voyait,
ne les entendait ni ne leur répondait. Tirée de sa stupeur par
les reproches de sa tante Dᵃ María, son affliction était grande
d'avoir manqué aux convenances et à la charité due au
prochain : elle implora donc la majesté divine de lui continuer
ses faveurs, mais là où elle en jouirait seule, sans témoins, sans
cette publicité offensante pour les autres et dont on pouvait
croire qu'elle voulait tirer vanité.

« L'oraison, » dit encore saint François de Sales, « est un

1. *Traitté de l'amour de Dieu*, VI, 14.

entretien et conversation de l'âme avec Dieu[1],» et nous en
avons ici la confirmation dans le « colloque » de Catherine,
qui eut lieu le jour même où elle prononça son vœu de pauvreté; le biographe l'a reproduit, afin d'attester, dit-il, son
intime union avec Dieu et la confiance avec laquelle elle lui
parlait sur le ton affectueux et tendre de l'épousée à son époux.
Le pieux entretien, spécimen assez significatif de cette brûlante
dévotion espagnole qui nous étonne un peu aujourd'hui,
quoiqu'elle n'étonnât pas nos pères qui en adoptèrent le langage au xviiᵉ siècle, commence par une action de grâces :

Oh! jour de bonheur et de félicité, jour très désiré, très plaisant,
très délicieux, cent mille fois bien venu et de bon augure pour moi,
jour dans lequel vous, mon Dieu et mon père, par votre grande
miséricorde, avez recueilli sous votre garde et protection cette brebis
égarée loin de votre troupeau, la choisissant et la marquant de votre
fer pour qu'elle vous appartienne éternellement. De quelles flèches
avez-vous, Seigneur, percé mon cœur pour me tenir ainsi prosternée
à vos pieds? De quels fers d'amour m'avez-vous rivée, de quelles
chaînes m'avez-vous chargée? ...D'où vient une si grande pitié, d'où
un si immense bienfait?

Puis le ton, d'humble et déférent qu'il était, devient plus
pressant et intime, plus pénétré d'amoureux abandon :

Appelez-moi et convoquez-moi, Seigneur, asseyez-vous sur votre
chaise qui est mon cœur. Que mon âme paraisse devant vous avec ses
facultés et mon corps avec ses sens... Commencez, mon Dieu, comme
un bon ouvrier, à faire votre office ; ôtez de ma mémoire toutes ses
opérations particulières et mettez-y votre mémoire afin qu'elle ne se
sépare jamais de la mienne; emplissez mon entendement de vous pour
que ses pensées, ses méditations, ses discours ne soient que de vous
et n'aient d'autre objet que votre gloire et votre honneur, et qu'il n'en
admette jamais d'autres. Surtout, Seigneur, prenez possession de la
volonté et chassez-en toutes les affections... Et qu'en outre, mon corps,
avec tous ses sens, demeure entièrement réformé. Soyez les pupilles
de mes yeux en sorte que toutes les créatures vous voient plutôt en
elles qu'elles n'en voient l'apparence extérieure, puisque vous êtes leur
cause et leur donnez à ce point l'existence que, si vous ne la leur
donniez pas, elles cesseraient d'exister et retourneraient au néant d'où

1. *Traitté de l'amour de Dieu*, VI, 1.

vous les avez tirées. Soyez la voix qui sonne à mes oreilles, leur musique et mélodie, et qu'à votre parole elles soient toujours attentives pour lui obéir et fermées à toutes les murmurations et curiosités mondaines. Soyez une odeur si suave à mes narines qu'elles cherchent vos onguents et vos parfums, qu'elles s'en délectent au point de ne vouloir plus ni gants, ni pommes de senteur, ni cassolettes, ni pastilles, ni eaux musquées, ni fleurs, quelque odoriférantes qu'elles soient. Soyez plus savoureux à ma langue, agréable à mon palais, et doux à ma gorge que le lait et le miel... Que votre tact, Seigneur, s'étende sur tout mon corps que vous devez posséder entièrement; soyez mon régal, ma douceur, mon plaisir, ma suavité, mon amoureux baiser; venez reposer sur mon sein... Que sur vous se règlent tous mes pas, tout le travail de mes mains, tous les mouvements de ma tête et les actions de mon corps...

Et pour conclure, après avoir épuisé à l'adresse du divin interlocuteur les épithètes que son imagination lui a suggérées, elle termine par celle-ci qui, mieux et plus complètement que toutes les autres, définit le mariage spirituel :

Avec votre permission, Seigneur, je vous donnerai le titre qui contente le mieux mon âme, quoique j'en sois si indigne : mon époux, mon amour, ma douceur et mon régal. Mon aimé pour moi et moi pour lui... Oh, mon Dieu, liez-moi, attachez-moi, unissez-moi inséparablement avec vous. Convertissez-moi, mon aimé, tout entière en vous, en sorte qu'il ne reste aucun vestige de moi.

Catherine s'arrêta là; cette union mystique et le pouvoir d'accomplir les exercices qui la maintenaient dans l'état contemplatif lui parurent une satisfaction largement suffisante et même une faveur exceptionnelle : elle ne demanda ni visions ni révélations, elle ne devint ni une voyante ni une *revelandera*. Au contraire, ces dons spéciaux l'effrayaient et on l'entendit dire qu'elle n'avait pas la tête assez solide pour s'élever à de pareilles hauteurs. Volontiers elle se méfiait de tout ce qui aurait pu l'induire à pénétrer dans ce monde mystérieux[1].

1. En cela elle se conformait au conseil de son maître Louis de Grenade qui, dans son sermon déjà cité des « chutes », adresse cet avertissement aux contemplatifs : « Otro aviso muy importante es que las personas espirituales ni hagan caso de algunas revelaciones ni las admitan y mucho menos las deseen. Ca en sintiendo el demonio este deseo, luego se transforma en ángel de luz y siembra revelaciones de algunas cosas que pasan en otros lugares, de que él da noticias a quien quiere engañar » (*Obras de Fr. Luis de Granada*, éd. Cuervo, t. XIV, p. 570).

Une image de la Vierge, devant laquelle elle priait, lui ayant
fait un visage particulièrement avenant et ayant même paru
un jour lui sourire, elle se décida à s'en séparer et, sous un
prétexte quelconque, la donna à son confesseur[1]. Toutefois
Dieu, pour l'éprouver et la fortifier dans sa foi, permit à
l'esprit du mal de se révéler à elle par de terribles hallucina-
tions, où il apparaissait sous des formes diverses qui eussent
égaré une âme moins pure et moins sereine. Jamais Catherine ne se trompa sur l'origine de ces accidents et y découvrit
toujours des tentations du diable auxquelles elle sut opposer
une résistance opiniâtre. Le seul fait surnaturel, ou au moins
inexplicable, qu'elle sembla admettre fut un certain pouvoir
de divination dont elle se sentait parfois investie. « Je ne
sais ce qui souvent m'arrive, » avoua-t-elle à son confesseur,
« mais dès qu'une personne entre dans ma chambre pour me
parler, je devine ce qu'elle a à me dire. » Et les femmes de
l'entourage, mises au courant, redoublaient de précautions
pour n'avoir que de bonnes pensées au moment de se présenter
devant leur maîtresse. Mais ce don même lui inspirait quelques
inquiétudes ; elle se demandait si le diable, pour lui tendre un
piège, ne l'incitait pas à en abuser, et à porter sur son prochain des jugements dont beaucoup ne se vérifieraient pas et
la compromettraient. C'est que, malgré l'intensité de sa piété,
tant de macérations et d'oraisons jaculatoires, le bon sens et
la prudence ne l'abandonnaient jamais. L'histoire de sa vie
contient un chapitre consacré à ses actes de prudence, d'esprit
avisé et rassis. On y voit, par exemple, qu'elle dissuada un de
ses frères, D. Enrique de Mendoza, de se rendre en Portugal,
auprès de la fameuse prieure du couvent de l'Annonciade de
Lisbonne, Marie de la Visitation, dont les faux stigmates et les
extases fictives avaient obtenu, vers la fin du xvi° siècle, un
crédit extraordinaire. Catherine, avec son flair de femme et son

---

1. Catherine s'inspira en cette occurrence d'une remarque de saint Jean de la
Croix : « Otras veces acaece que mirando una imagen la vean moverse, hacer sem-
blantes y muestras, ó dar á entender cosas, ó hablar. Esta manera y la de los efectos
sobrenaturales que aqui decimos de las imagenes, aunque es verdad que muchas
veces son verdaderos efectos y buenos... otras veces no son verdaderos, y suele
hacerlos el demonio para engañar y dañar » (*Subida del monte Carmelo*, livre III,
ch. 36).

jugement droit, démêla tout de suite une superoherie qui,
longtemps, trompa des hommes fort pieux et tenus pour excel-
lents connaisseurs des faiblesses humaines, dans le nombre,
Louis de Grenade[1]. De même, et pour suivre une règle de
conduite que donne précisément ce grand dominicain qui fut
son conseiller, elle ne sacrifiait pas à ses exercices de dévotion
et aux obligations de sa vie intérieure les intérêts de ses
parents[2]. Jamais famille de la grandesse n'eut à soutenir
autant de procès que ces Mendoza-Mondéjar à la fin du xvie et
au commencement du xviie siècle : frères et sœurs, oncles et
neveux, plaidaient les uns contre les autres avec fureur.
Catherine aurait pu s'abstenir de comparaître devant les magistrats et les notaires et de prendre parti dans ces discussions :
elle ne le voulut pas et estima de son devoir de hâter par sa
présence ou son intervention le règlement de tant d'affaires
litigieuses. Elle n'hésitait pas non plus à user du crédit que sa
piété lui assurait auprès d'un roi comme Philippe II, pour
venir en aide à ses proches. Le cas se présenta en 1583, quand
il s'agit d'obtenir du roi qu'il empêchât D. Pedro de Toledo,
marquis de Villafranca et mari de sa sœur D[a] Elvira de Mendoza, de rejoindre le corps d'armée qui devait opérer aux îles
Tercères. D[a] Elvira, qui en sept années de mariage avait été
presque constamment séparée de son mari que ses devoirs
militaires retinrent aux Pays-Bas ou en Portugal, implora
Philippe II dans une lettre datée de Barcelone, le 21 avril 1583,
en lui exposant qu'une nouvelle séparation serait « la destruction totale de sa maison et de sa fortune »[3]; mais, ne comp-
tant guère sur la bonté de sa cause pour toucher le cœur du
souverain qu'elle savait assez mal disposé envers les siens, elle
pria sa sœur D[a] Catalina d'intercéder à son tour, et c'est ce qui
nous a valu une lettre de celle-ci au roi d'Espagne, le seul
document autographe que nous connaissions d'elle et qu'il a

1. Luis Muñoz, *Vida y virtudes del V. P. Maestro Fr. Luys de Granada*, Parte II,
cap. X.
2. « A estas [doncellas], como á las casadas, se debe aconsejar que nunca por sus
espirituales ejercicios dejen de cumplir con las obligaciones de justicia ...porque
siempre lo que es de obligación se ha de anteponer á lo que es de voluntad y devoción » (Fr. Luís de Granada, *Sermon de las caidas públicas*, éd. Cuervo, p. 568.)
3. British Museum, Ms. Add. 28,344, fol. 67.

paru à propos de reproduire ici textuellement. Il est curieux de comparer l'écriture des deux sœurs : celle d'Elvire est molle et indécise, celle de Catherine très nette et très bien formée.

S. C. R. M.

Doña Eluira de mendoça mi hermana, mujer de don pedro de toledo, me a enbiado la que con esta ua para V. M', encargandome suplique a V. M' lo mesmo que ella, y yo confiada en la gran clemencia y begninidad de V. M' me atreuo a hazello Representando a V. M. el trauajo y afliction de doña eluira, por querer hir el dicho don pedro su marido a esta jornada de la tercera, despues de auer tantos dias que no la a uisto y no teniendo hijo uaron y estando tan enpeñada su casa y hazienda que, presupuesto su modo de proceder en gastar yendo aguora a la tercera, se puede temer que se a de acabar de destruir : lo qual diera ella y yo por bien enpleado si su yda fuera necesaria para el seruicio de V. M', mas entendiendo que para su Real seruicio es de poca consideracion y para su mujer y casa de mucho daño, suplico humilmente a V. M' sea seruido de mandallo Remediar como Rey y señor nuestro tan justo y piadoso, que nuestro señor nos guarde, prospere y ensalce con aumento de mayores estados para bien de toda la cristiandad. de madrid 31 *(sic)* de abril de 1583 años.

De V. M. su humilde basalla que sus Reales pies besa.

Doña C¹ª de mendoça [1].

Le 11 février 1602, Dª Catalina de Mendoza fut atteinte soudainement d'une violente esquinancie qui lui coupa presque la respiration. Les médecins appelés auprès de la malade jugèrent son état très grave, d'autant plus que le mal s'étendit bientôt au côté droit, puis au côté gauche. Elle-même comprit qu'il ne lui restait que peu de jours à vivre, ce qui, loin de la troubler, rasséréna son esprit. La perspective de se réunir à l'Époux qui lui tendait les bras lui donna la force nécessaire

[1]. *Ibid.* — Philippe II fit d'abord droit à cette pétition, comme nous l'apprennent deux lettres du secrétaire Mateo Vazquez à D. Pedro de Toledo et au marquis de Santa Cruz des 4 et 7 mai 1583 (British Museum, Ms. Add. 28,358, fol. 226 et 230), puis il se ravisa sur les instances que lui fit D. Pedro pour participer à la campagne : « Muy bien entendia yo que no hauia de ser buena nueua para V. S. excusalle la jornada de la Tercera, pero los ministros hazen lo que el Rey les manda, y aunque las causas y consideraciones que mouieron a su M' para ello mirauan todas a lo que a V. S. y su Ill' casa conuenia, pero hauiendose agora representado a su M' lo que V. S. ha scripto de tener las preuenciones y todo lo demas tan adelante para yrle á seruir en la dicha jornada, lo ha tenido por bien... » (Mateo Vazquez á D. Pedro de Toledo, 4 juin 1583, British Museum, Ms. Add. 28,358, fol. 238).

de supporter sans se plaindre et presque allègrement les très vives douleurs qui la torturaient. Au duc de l'Infantado, son frère, accouru en toute diligence, elle dit : « Je me réjouis de la grâce que vous m'avez faite de venir me visiter, car cela vous permettra de réfléchir à l'état où vous verrez aussi — le plus tard possible, j'espère, — et vous serez averti que nous n'avons d'autre tâche en cette vie que de nous préparer à l'autre. Puisque Dieu a fait Votre Excellence grand sur la terre, efforcez-vous de l'être aussi au ciel. Répandez de larges aumônes, mon frère, c'est pour cela que nous sont données les richesses. » Puis elle se prépara à mourir en accomplissant d'un cœur contrit et joyeux les actes préparatoires de la grande séparation. La nuit du 14 février, elle l'employa toute en amoureux colloques avec son Dieu, sur le thème de psaumes de David qu'elle récitait en s'arrêtant sur les paroles d'amour; celles-là Catherine les savourait, s'en délectait. *Veni, dilecte mi; veni, dilecte mi,* répétait-elle avec tant de passion qu'on dut l'interrompre en lui disant qu'elle accélérait ainsi sa fin. Quoiqu'elle se fût déjà confessée généralement au P. Lucero et eût renouvelé ses vœux, le lendemain matin Catherine voulut de nouveau se réconcilier, entendre la messe et communier. La mort ne devait plus lui laisser que quelques heures de répit, et ce même jour 15 février, ayant saisi le crucifix qu'on lui apporta et dirigé ses regards sur les assistants, comme pour prendre congé d'eux, puis en haut vers le ciel, la vierge « rendit son âme pure à celui qui l'avait créée en vue d'un si grand bien, avec tant de quiétude et de paix qu'on eût dit qu'elle dormait doucement ou se trouvait, comme de coutume, transportée dans l'oraison ».

Catherine, décédée le 15 février 1602, à l'âge de soixante ans et dix jours, vécut assez pour voir le malheur s'abattre sur la grande maison qui l'avait adoptée. Son frère aîné D. Luis, inculpé d'un crime détestable, passa une partie de sa vie en prison et n'obtint de Philippe II aucune remise à sa peine, il ne fut gracié et réhabilité que sous le règne suivant. Un autre de ses frères, D. Iñigo, auquel sa plaidoirie en faveur des droits de l'infante Isabelle aux États de 1593, donna en

France un instant de notoriété, qu'atteste la *Satire Ménippée*, fit un mariage, sinon scandaleux, au moins compromettant, qui le brouilla avec sa famille. Un troisième frère enfin, D. Francisco, plus connu sous son titre d'Amiral d'Aragon qu'il tenait de sa femme, eut son existence troublée par mille ennuis et tourments dus en grande partie à des travers d'esprit[1]. Bref, cette branche autrefois si puissante et considérée du clan des Mendoza subit, dès la fin du xvi° siècle, une dépréciation sensible. Catherine vit tout cela et dut en souffrir, car elle avait l'âme haute et le respect du nom qu'elle devait à son père. On sait que plusieurs maisons de la grandesse se vantent de posséder leur saint ou leur sainte qui leur sert en quelque sorte d'ange gardien. Les Mendoza-Mondéjar n'ont eux dans leur arbre généalogique qu'une béguine dont ils puissent se prévaloir, et cette béguine, qui ne mourut point en odeur de sainteté et qu'il serait même excessif de compter parmi les femmes rares ou très supérieures qui illustrèrent leur sexe en Espagne, déploya toutefois des qualités intellectuelles et morales de premier ordre et des vertus peu communes. Malgré le défaut de sa naissance qui ne lui créait pas un rôle facile, elle sut, en se faisant estimer de tous et en tenant son rang avec non moins de modestie que de dignité, remplir simplement et courageusement des tâches ardues dont peu d'hommes auraient assumé la responsabilité, et contribua ainsi à maintenir quelque prestige à une maison que certains de ses membres, par des écarts de conduite assez graves, avaient compromise et ternie.

1. Antonio Rodriguez Villa, *D. Francisco de Mendoza, almirante de Aragón*, dans *Homenaje á Menéndez y Pelayo*, Madrid, 1899, t. II, p. 487-610.

APPENDICE

Comparaison de quelques passages de l' « Historia de la vida y muerte de Doña Catalina de Mendoza », ms. 362 du Fonds Espagnol de la Bibliothèque Nationale, et de la « Vida y elogio de Doña Catalina de Mendoza » du P. Gerónimo de Perea (Madrid, 1653).

Voici le début de la biographie de Catherine tel qu'il se lit dans le manuscrit (p. 15) :

Doña Catalina de Mendoza fue hija de D. Iñigo Lopez de Mendoza, quarto *(sic)* marques de Mondexar (y visorrey y capitan general que fue del Reyno de Napoles) y de vna señora destos Reynos, de cuia sangre basta deçir que era poco inferior a la mucha y conoçida nobleça del marques, aunque no tan grande ni rica como el. Nacio Doña Catalina en la ciudad de Granada a cinco del mes de febrero, dia de Sᵗᵃ Agueda, virgen y martir, el año de 1542.

Dans le délayage qui suit, du P. Perea, on remarquera un passage tout à fait inintelligible, celui où il devrait être question de la mère de Catherine; peut-être l'imprimeur a-t-il omis quelques mots :

Nació Doña Catalina de Mendoza en la ciudad de Granada, para que fuesse su virtud flor y corona juntamente de su nobleza. Preuino el cielo el dia señalado de cinco de Hebrero de 1542 en que la Iglesia celebra el triunfo de la ilustre Virgen y Martir Santa Agueda, que como astro ascendiente del nacimiento de Doña Catalina, sino violentó su libertad, por lo menos la empeñó en su imitacion, conservando su virginal pureza entre los matizes de su sangre, derramada, no por la crueldad del Barbaro tyrano, sino por la del diuino amor, que afiló sus azeros para que con los rigores de su penitencia hermoseasse y guardasse los mas blancos armiños de su castidad. Su padre fue Don Iñigo Lopez de Mendoza, quarto *(sic)* Marquès de Mondejar, sobrole la nobleza para la estima y fue esmalte para su luzimiento; no sé si de tan ilustre familia¹, lo fue mas Doña Catalina por su virtud, pues

---

1. Avant *no sè*, Perea avait dû écrire *su madre*.

lo raro desta fue piedra preciosa que sobrepuja el valor del anillo que la engasta.

Le joli passage du manuscrit (p. 18) concernant les livres de chevaleries que Catherine lisait pour se divertir et compléter son éducation mondaine est ainsi conçu :

Era hermosissima y con esto mui afiçionada a las galas y trages que acrescentauan su rara belleça. Era tambien afiçionada a la lecçion de libros de cauallerias y de otros libros profanos, lleuada asi del gusto que en ellos hallaua como de la falsa persuasion, que entre los cortesanos y damas de aquel tiempo corria, que importaua leerlos para aprender discreçion y escusar otros peores entretenimientos.

Écoutons maintenant comment Perea s'y prend pour noyer dans son galimatias la simple constatation du premier biographe et lui ôter tout ce qu'elle offre d'historiquement intéressant :

Ne se contentó su brio con admirar por hermosa, sino que quiso desmentir el achaque y pension con que de ordinario està humillada de menos aduertida la hermosura, y pudiendola bastar y aun sobrar el gran entendimiento de que Dios la dotò, para que ni aun este lunar de menos discreta tuuiesse su hermosura, se empleò con mas cuidado que necessidad en leer libros profanos, de quien pudiesse sin aprender a ser discreta (por serlo ella tanto), por lo menos estudiar[1] para su gusto, cebando la curiosidad y estragandose la inclinacion a los libros sagrados y licion espiritual.

Plus loin (p. 55), le premier auteur conte le prétexte qui servit à Catherine pour prendre l'habit de béate :

Dios nuestro señor, con quien esta su sierva negoçiaba mejor que con los hombres, la traxo a las manos vna buena ocasion para salir con su christiano intento, y fue que auiendo algunos meses que el Marques su padre y la S Doña Maria su tia tenian no se que pleitos en materia de haçienda, finalmente, como tan christianos señores y no menos hermanados en las voluntades que hermanos en la sangre, remataron con vn buen conçierto lo que en justiçia era dudoso. La S Doña Catalina, no perdiendo la buen coyuntura que la ofreçia el mucho contento que en todos y mas el Marques su padre causaron

---

[1] Il y a *estudiaua* dans le texte.

estos conciertos, le suplico con mucha instançia que, como en albri-
çias de ellos a otros repartia merçedes y dones dignos de su mano,
a ella por la mesma raçon la hiçiese merçed de darla la liçençia que
la auia pedido para vestirse aquel abito de religiosa, que, sin entrar
en religion, podia y deseaua vsar en el siglo.

Non seulement, Perea amplifie et dramatise l'incident, mais
il met dans la bouche de Catherine une supplique à son père
d'une préciosité de mauvais goût et qui est un vrai contre-
sens :

El deseo [de revêtir l'habit de béate] para Dios fue holocausto digno
de su agrado, con que despues facilitò su prouidencia y el deseo de
Doña Catalina el venir su padre en esta mudança, porque auiendo
precedido entre él y Doña Maria su tia vnos pleytos en materia de
hazienda, despues, como tan christianos señores y hermanos, qui-
sieron mas deuer a su hermandad y ajustamiento que a la justicia
litigiosa. Los conciertos los hizeron con gran paz y conueniencia de
las dos partes. Desta paz resultó el gusto, como de los pleytos el
disgusto; y hallandose Doña Catalina en presencia de su padre y
viendo que su Excelencia auia hecho a otros criados mercedes por lo
concertado, ella, puesta de rodillas, con lagrimas en los ojos, le pidio
por albricias y donatiuo, no joyas ni galas para la profanidad vistosa,
sino licencia para mudar el trage : « O señor y padre mio (dezia), doy
à V. Excelencia mil parabienes de la concordia y acuerdo que con
mi tia y señora ha tomado; conmigo ha de hazer V. Excelencia otra,
que no le estara mal a su hazienda y a la que yo deseo importarà
mucho. Dias ha, señor, que tengo esposo, su gusto deste señor quiere
que solo vista de su trage y galas; las suyas son de humildad y
desprecio. ¿Serà bueno que lo que V. Excelencia no hiziera por respetos
de vn hombre, ni se introduxera à querer mandar, por no tocarle,
respeto de mi diuino esposo quiera aora estoruar? No, no, señor,
pueda mas Dios que un hombre », etc.

La description des états d'oraison de Catherine est donnée
en ces termes dans la relation manuscrite (p. 203 et suiv.) :

Con la mucha frequençia y continuaçion deste exerçiçio, y con el
grande cuydado y feruor que en su vso ponia, vino a tener el don de
oraçion que Jesuchristo nuestro señor suele comunicar a sus muy
familiares y regalados amigos, y este con grados tan subidos y heroicos
quanto sus palabras (sin pretenderlo) y mas sus obras descubrian. De
la inferior clase donde en esta escuela se pratican las materias y modos

de oraçion que enseñan a limpiar la conçiençia hasta dejarla purifi-
cada y desembaraçada para Dios, la pasaron a otras clases superiores
con mucha prisa, porque se la dio ella a merecerlo con la diligençia
y veras que puso en aquellos primeros prinçipios, pues en sola la
consideraçion de las penas del ynfierno entro de manera que el senti-
miento de ellas la enajeno y saco de si hasta dar con ella en tierra,
donde la hallaron como muerta... De aqui la subieron a tener oraçion
con tanto quietud y silençio de todo su interior que ni la imaginaçion
con sus varios y ymportunos pensamientos ni el entendimiento con
discursos la molestaban, sino que ambas calladas y como dormidas
dejauan goçar al alma del grande gusto y satisfaçion que Dios la
comunicaba... No solo llego a la quietud y descanso dicho, sino que
la hiçieron el alto fabor con que tanto se gloriaua la otra alma tan
amada del Hijo de Dios : *Introducit me Rex in cellam veniariam et ordi-*
nauit in me charitatem; que el Rey Jesuchristo, que solo tiene la
llabe deste generoso vino de su amor y espiritu con que enbriaga las
almas, la tomo por la mano y la entro tan adentro de si que la puso
en el supremo grado de oraçion, que los peritos escritores desta facultad llaman oraçion de vnion, porque causa vn tal abraço y junta entre
Dios y el alma que solo el autor della la sabe declarar y ponderar, y
el almas mientras mas tiene de ella, mas bienes goza y menos se sabe
declarar.

Perea suit ici d'assez près la première rédaction, mais il ne
peut s'empêcher d'y introduire çà et là sa phraséologie pâteuse
et boursouflée :

Con esta assistencia, feruor y puntualidad vino à alcançar el don
de oracion, en aquel grado que suele la diuina bondad enriquecer el
espiritu de los mas amigos y familiares de su Magestad. No la subieron de golpe al apice de las inteligencias è ilustraciones diuinas :
empeçò a meditar para saber contemplar, deuio a su discurso y a la
diuina gracia que le ilustraua lo que despues gozò con simple apre-
hension. Fue estudio a los principios lo que en adelante fue suspen-
sion; desarraigò passiones a fuerça de ponderacion de lo que es una
culpa y Dios disgustado y poderoso para castigar con vna eternidad
del infierno, y tanto ahondò en lo profundo deste que de ponderar y
meditar en sus tormentos y llamas cayò desmayada por muchas
horas en el suelo, y en el la hallauan como muerta. Desta classe, del
temor y meditacion con que purificó su alma, la subio el espiritu
diuino a tener vna oracion de quietud y silencio de todo su interior, a
quien ni la imaginacion con sus varios è importunos pensamientos, ni
el entendimiento con la viueza de los discursos inquietauan, sino que

ambas potencias, ó acalladas, ó como dormidas dexauan a su alma
gozar de aquel sumo contentamiento, en que del todo satisfecha a
nada aspira ni nada la embaraça... Los desvelos del justo no solo
merecen este descanso y sueño, sino que sus ayunos y abstinencias
hallan en el trato de Dios abiertas y francas puertas para sentarse en
aquellas mesas de estado donde el mismo Dios sirue el generoso vino
de dulzuras : assi lo hizo con esta esposa suya, lleuandola por su
mano y recogiendola dentro de si, donde la embriagò de la dulçura
y suauidad deste vino, engendrador de Virgines y conseruador de
purezas. Comunicola pues el señor la oracion altissima que los misticos
llaman oracion de vnion, la qual causa vn tan estrecho vinculo y
abraço entre Dios y el alma que solo el autor del sabe declararle, y el
alma que le goza solo sabe sentirle, pero no puede explicarle. Embarga
su grandeza la lengua y dilata la cortedad del coraçon que le percibe.

Ces quelques exemples montrent assez clairement, je pense,
comment le P. Perea s'est comporté à l'égard de l'original
qu'il avait sous les yeux; il l'a refondu, et en le refondant il
l'a gâté. Ne pouvant se résigner à reproduire le récit primitif
tel qu'il avait été écrit, sans doute peu de temps après la mort
de Catherine, il l'a retravaillé à sa façon, mis au goût du jour,
harnaché et empanaché selon les préceptes du style orné de
son époque. Le bon Père pensait sans doute avoir définitivement fixé les traits de son héroïne et que désormais personne
ne songerait à recourir au document contemporain dont son
livre n'est que la redondante transposition. Malheureusement
pour lui, mais heureusement pour nous, le document n'a pas
péri, il s'est retrouvé et nous permet aujourd'hui de revoir
plus distincte et plus vraie, sans tous les ornements postiches
d'une rhétorique surannée qui l'obscurcissaient, la figure
attachante de cette mondaine contemplative, astre de moyenne
grandeur dans le ciel du mysticisme espagnol, — pour parler
un peu comme le P. Perea.

A. MOREL-FATIO.

P.-S. — Récemment, le P. Uriarte, de la Compagnie de Jésus,
m'a fait savoir, par l'entremise de mon ami D. Eduardo de
Hinojosa, qu'il connaît, outre celui de Perea, deux récits de
la vie de Dª Catalina de Mendoza : l'un du P. Rivadeneira,

publié à la fin du xvii° siècle par un P. García, le second
d'un autre jésuite, le P. Francisco Rodríguez. Ce dernier, qui
est inédit et dont un manuscrit se trouve maintenant au Collège de Loyola, porte ce titre : *Historia de la vida y virtudes de
Doña Catalina de Mendoça, hija de Don Iñigo Lopez de Mendoça,
quarto (sic) Marques de Mondejar* (voir *Bibliothèque de la Compagnie de Jésus*, éd. Sommervogel. Bibliographie, t. VI, col. 1966).
Comme ce titre contient la même erreur que celui du manuscrit de la Bibliothèque Nationale *(quarto* pour *tercero)*, il est
bien probable que la relation inédite dont je me suis servi a
pour auteur le P. Rodríguez, né en 1558 et mort en 1627.
Quant à l'écrit du P. Rivadeneira, je ne le connais pas : il n'est
mentionné dans la *Bibliothèque de la Compagnie* ni sous García,
ni sous Rivadeneira; mais, dans l'article consacré à ce dernier
jésuite, Sommervogel cite (*Bibl.*, t. VI, col. 1757) une « *Vida
de la Señora Maria de Mendoça Fundadora del Collegio de la
Compañia de Jesus de Alcaia. Escrita por el P. Pº de Ribadeneyra
de la Comp. de Jesus. Dirigida a la Señora Doña Catalina de
Mendoça su sobrina y juntamente Fundadora del dicho Collº de
Alcala. En 30 de março de 1596*, 4°, pp. 53 (copie) ». Il s'agit
donc d'une biographie de la tante de Catherine, mais où il
doit être aussi parlé de celle-ci.

A. M.-F.

BORDEAUX. — IMPRIMERIE G. GOUNOUILHOU, 9-11, RUE GUIRAUDE.

www.ingramcontent.com/pod-product-compliance
Lightning Source LLC
LaVergne TN
LVHW022039080426
835513LV00009B/1150